METODOLOGIA, BIOESTATÍSTICA E EPIDEMIOLOGIA: PODEMOS IR DIRETO AO ASSUNTO?

Organizadores:

Prof. Dr. Renato Ribeiro Nogueira Ferraz

Prof. Dr. Renan Antônio da Silva

2ª Edição

2020

SUMÁRIO

POR QUE EU DEVERIA PRODUZIR UM TRABALHO CIENTÍFICO?

Renato Ribeiro Nogueira Ferraz, Renan Antônio da Silva

Introdução

Bem-vindos a 2ª Edição da obra agora intitulada "**METODOLOGIA, BIOESTATÍSTICA E EPIDEMIOLOGIA: PODEMOS IR DIRETO AO ASSUNTO?**". Como sabem, este livro não foi redigido para ser lido por pesquisadores experientes. Se você já está inserido no mundo da Ciência, já publicou artigos, ou já defendeu sua Dissertação ou Tese, sugere-se direcionar sua leitura para textos com maior profundidade e rigor metodológico. Esta obra pretende atingir o público iniciante, ou seja, alunos de Graduação, de Especialização, e por que não, de Mestrado e, talvez, até de Doutorado. Pretende também servir como um guia para aqueles que tem interesse em produzir um artigo científico simples, mas que, se bem escrito, poderá ser publicado ao menos em uma revista de divulgação acadêmica. Resumindo, este livro é para simples mortais, pessoas normais, que possuem dúvidas (ou que não sabem nada!) sobre Bioestatística, Metodologia (ou Redação Científica) e Epidemiologia. Estamos entendidos?

Retomando, independentemente do motivo pelo qual você está lendo este livro, seja bem-vindo! Sejam bem-vindos os curiosos, assim como sejam também muito bem-vindas as pessoas que querem contribuir de alguma maneira com a comunidade científica por meio da publicação de seus trabalhos acadêmicos. Seja também bem-vindo você, que é aluno de Graduação, de Pós-graduação *Lato sensu* (especialização) ou *Stricto sensu* (Mestrado e Doutorado) e que, independentemente do seu nível atual como estudante, deverá entregar, ao final de sua jornada, um Trabalho de Conclusão de Curso (TCC). Sim, o TCC não é uma obrigação apenas dos cursos de graduação! Alunos de especialização também devem confeccioná-lo ao final de seus cursos, bem como os alunos de Mestrado, que entregam e defendem sua Dissertação, assim como os de Doutorado, que fazem o mesmo com a sua Tese, e que por sua vez não deixam de ser Trabalhos de Conclusão de Curso!

Falar em TCC, para a grande maioria das pessoas já graduadas, é trazer à tona um passado obscuro, retomando demônios e inúmeros traumas que a maior parte dos estudantes faz questão de esquecer. Provavelmente você não tem boas lembranças de suas aulas de "Monografia", de "TCC", assim como das aulas de "Bioestatística". O Professor falava, falava, falava, e você pouco entendia, pouco aproveitava. Qual era mesmo o motivo plausível para que você ficasse aulas e aulas calculando média e desvio-padrão, mediana, moda, tudo à mão, sem nunca ter sido apresentado à aplicabilidade de tais cálculos? Quem foi esse tal de Gauss que inventou uma tal de curva que eu não me lembro muito bem para que servia? Por que aquele Professor de Metodologia não dizia logo o que era para ser feito, ao invés de ficar discutindo o sexo dos anjos? Esqueça tudo isso... Os autores desta obra pretender tornar a até então árdua tarefa de confeccionar um TCC (que por sua vez poderá ser submetido como um artigo para publicação em diversas revistas científicas) em uma atividade fácil de ser realizada e, acima de tudo, prazerosa como deve ser.

Redigir um trabalho científico não é tão difícil quanto se imagina. Na atualidade, a tendência é que sejam produzidas comunicações breves, que "digam a que vieram", que "matem a cobra e mostrem a cobra morta", independentemente se foi morta com o "pau" ou com outro instrumento qualquer. Não há tempo nem paciência para devaneios. Não há tempo para filosofar (que nos perdoem os colegas da área de Humanas!). Sendo assim, encontra-se a caminho da extinção o antigo modelo de "monografia" que você provavelmente conhece, no qual se faziam enormes sumários, notas de rodapé (muitas vezes maiores que o próprio texto), infinitos *apuds*, epígrafes, agradecimentos para toda a família, para o noivo, para a cunhada da tia da prima segunda da sua avó, para seu cachorrinho que sempre lhe foi fiel, dentre outros infinitos pormenores (todos na sua grande maioria com pouquíssimo proveito). Afinal de contas, chegamos aos "tempos modernos", estamos em uma época onde muito se fala em preservação do meio ambiente e, a essa altura do campeonato, gastar papel imprimindo diversas versões de um trabalho de 180 páginas está completamente fora de cogitação! Sendo assim, nada mais coerente do que estimular a produção de trabalhos compactos, todavia ricos em conteúdo, e que sejam disponibilizados à comunidade em formato eletrônico e de fácil acesso. A mania de se confeccionar uma monografia com no mínimo sessenta páginas (quem teria definido isso?), gastar uma dinheirama imprimindo dez cópias em capa dura azul com letras douradas (para que depois todos esses volumes virem apoio de monitor de computador ou sejam esquecidos empoeirados nos fundos de uma biblioteca) está absolutamente ultrapassada. Você agora produzirá um trabalho em formato de artigo científico. Mas, calma! Nós, os autores, não queremos aqui de maneira alguma obrigá-lo a se transformar em um cientista daqueles que viram noites e finais de semana inteiros trancafiados em seus sombrios laboratórios aplicando líquidos em ratos e depois lhes cortando a cabeça. Queremos apenas aproveitar nossa experiência para direcioná-lo pelo caminho mais curto e o menos tortuoso possível para que seu TCC, que deverá ser um artigo científico, seja aprovado em primeira instância tanto pela Instituição na qual você estuda quanto pela revista a qual você deseja submetê-lo à publicação depois de pronto, reduzindo as burocracias que tangenciam a obtenção de um título acadêmico. É claro que os alunos de Mestrado e Doutorado terão ainda de confeccionar suas Dissertações e Teses, respectivamente, no modelo tradicional, mas também é fato que esses documentos deverão gerar um artigo publicável ao final de seus cursos. De qualquer forma, esperamos sim despertar em alguns a paixão pela Ciência! Independentemente de suas ambições, esperamos que este breve "manual" lhe seja útil não só neste momento de sua vida, mas que possa ser utilizado em futuros projetos. Mas, como todos nós sabemos, tempo é dinheiro, e essa conversa inicial já está ficando muito cara... Esqueçam o passado. Exorcizem vossos demônios. E agora, sem maiores delongas, vamos ao que realmente interessa: "como é mesmo que eu começo a fazer o meu artigo científico"?

Principais modelos de trabalhos científicos

Antes de responder à pergunta que finaliza o parágrafo anterior, é importante destacar o fato de que existem cinco principais tipos de trabalhos acadêmicos que podem ser utilizados como TCC, assim como, após algumas adaptações, também podem ser enviados a uma enorme gama de revistas científicas disponíveis visando uma publicação. São eles os Relatos Técnicos, os Relatos de Caso (ou "Estudos de Caso"), os Estudos Observacionais (muitas vezes conhecidos como "Estudos de Campo"), as Revisões de Literatura, e os Estudos Experimentais. Vamos a uma breve explicação sobre cada um deles? Os detalhes de como produzir cada uma dessas modalidades de trabalho estarão disponíveis nos capítulos seguintes.

Relatos Técnicos

Os Relatos Técnicos são peças acadêmicas simples, muito comuns na área de Ciências Sociais Aplicadas, mas que atualmente têm sido confeccionados também em outras áreas, como Saúde e Educação. Basicamente, um Relato Técnico deve descrever uma Organização (uma empresa), informar um problema gerencial enfrentado por esta Organização, apresentar uma proposta de solução para a situação-problema descrita, mostrar os resultados (melhorias) após a implementação da solução apresentada e, essencialmente, discorrer sobre as contribuições práticas dessa proposta, de forma que ela se torne atrativa para outras instituições que porventura estejam enfrentando situações semelhantes ao problema apresentado. Os Relatos Técnicos não são estudos de caso, pois não trazem o referencial teórico que estes exigem. Eles focam na solução de problemas empresariais e, em sua maioria, não são escritos para serem lidos por acadêmicos, mas sim por empresários que se encontram em situações de dificuldade em suas Organizações. Dessa forma, sua redação deve ser bastante focada e ir direto ao assunto, ou seja, qual é a sua proposta como profissional para solucionar o problema enfrentado pela Instituição.

Estudos de Caso

Os Estudos de Caso (ou Relatos de Caso) são modalidades de produção acadêmica comuns tanto na área da Saúde quanto na área de Ciências Sociais Aplicadas e Educação, dentre outras. Todavia, a forma de se escrever um estudo de caso varia consideravelmente de uma área para outra. Por exemplo, na área da Saúde, os estudos de caso descrevem pacientes que apresentam condições clínicas raras ou até então desconhecidas, tendo como principal intuito fornecer informações diversas sobre estas doenças, como sua etiologia, epidemiologia, seus sinais e sintomas, e assim por diante, informações essas que possam contribuir para aumentar o conhecimento sobre determinado assunto e, assim, possibilitar que a comunidade médica, entendendo melhor sobre a condição, possa prestar um melhor atendimento aos pacientes que porventura possuam características semelhantes às dos casos descritos. Em Ciências Sociais Aplicadas, os estudos de caso descrevem situações diversas vividas no ambiente empresarial, todavia com um embasamento teórico muito mais robusto do que é necessário nos estudos em Saúde, e comparando os resultados entre as Organizações, diferentemente do Relato Técnico, que normalmente aborda uma situação vivida por uma única empresa.

Estudos Observacionais

Talvez você imagine, por exemplo, que realizar um estudo observacional indo a campo seja uma coisa extremamente complicada, e que é melhor deixar isso para sua dissertação de Mestrado ou sua tese de Doutorado. Nada disso! É muito importante salientar que você pode fazer um trabalho de campo simples, mas que se for bem desenhado, bem controlado, poderá até ser publicado e disponibilizado para toda a Comunidade Científica, fazendo com que seu nome entre assim para a posteridade. Basicamente, os estudos observacionais vão levar em consideração uma amostra de pessoas (um conjunto de indivíduos que apresentem alguma característica importante em comum, como por exemplo, tenham a mesma doença), que serão observadas de maneira retrospectiva (buscando identificar se algum fenômeno interessante já aconteceu com os indivíduos que compõem a sua amostra), ou prospectiva (tentando identificar se este mesmo fenômeno acontecerá durante um certo período em que os indivíduos serão observados). Esses estudos podem avaliar características que serão apenas quantificadas, como também podem observar características que permitam qualificá-las de alguma forma. Mas calma! Uma explicação mais profunda sobre as diferenças entre estudos qualitativos e quantitativos lhe será fornecida no capítulo que fala exclusivamente de estudos observacionais. Ainda nestes estudos, os dados recolhidos são inseridos em planilhas, e alguns testes estatísticos (dos mais simples aos mais complexos) podem ser utilizados para testar as hipóteses estabelecidas no momento em que se desenhou o estudo. Mas deixemos este assunto para ser discutido mais adiante...

Revisões de Literatura

Com relação às revisões de literatura, não é recomendado que você as produza da forma que a maioria dos estudantes está acostumada a fazer, lendo partes de artigos e as reescrevendo, sem seguir ao menos uma sistemática adequada, ou mesmo sem utilizar critérios apropriados para a seleção das obras que serão revisadas. Na maioria das vezes, as revisões de literatura são solicitadas pelas revistas científicas especializadas aos mais renomados pesquisadores de uma determinada área, para que estes compilem as publicações existentes e, sendo *experts* no assunto em questão, avaliem tais publicações e emitam suas confiáveis opiniões sobre quais publicações deverão ser respeitadas e quais deverão ser ignoradas por toda a Comunidade Científica. Há algum tempo, quando o autor deste capítulo possuía aproximadamente cinco anos de experiência em indução de litíase (calculose renal) em modelos animais, foi cogitado com sua orientadora do Doutorado, na época, a possibilidade de se redigir uma revisão literária sobre o tema. Ela, muito experiente, sugeriu que que se "baixasse a bola", já que cinco anos de experiência em um assunto não podem ser considerados "bagagem" suficiente para tal. Hoje, passados mais de dez anos, tal revisão literária foi recentemente finalizada. Ou seja, para simplesmente revisar a literatura com base em um ou outro assunto, é necessário possuir ao menos uma década de experiência... É muito comum estudantes produzirem "artigos" de revisão de literatura com critérios de exclusão que inviabilizam completamente o seu aproveitamento. Como assim você só revisou artigos disponibilizados na íntegra, gratuitos, disponíveis no Scielo (uma das diversas bases de dados existentes) e em português??? Se esses foram seus critérios de inclusão de artigos para revisar, podemos lhe afirmar que efetivamente você não revisou coisa alguma.

Estudos Experimentais

Este livro não abordará a condução de estudos experimentais, sejam eles realizados com células, animais, ou mesmo com seres humanos. Tais trabalhos envolvem uma série de questões éticas complexas e que devem ser discutidas com intensa profundidade junto às instituições de pesquisa que preencham todos os requisitos legais necessários para tal. A principal intenção ao escrever esta obra é lhe mostrar que você é capaz de produzir trabalhos acadêmicos simples e com qualidade, e os estudos experimentais não são muito simples de serem conduzidos. Nesse momento, não se pretende complicar, e sim facilitar a sua vida! A proposta da presente obra não é lhe ensinar a verificar se um fenômeno qualquer acontecerá com ratinhos de laboratório quando expostos a um determinado fator ambiental, tão pouco avaliar se o medicamento X é melhor que o medicamento Y para tratar a doença Z em um grupo de seres humanos. Deixemos os trabalhos experimentais para obras mais específicas e que se disponham exclusivamente a discorrer sobre eles.

Considerações finais

Como dito, este livro pretende mostrar a você, de forma prática e direta, como confeccionar cada uma das principais modalidades de trabalhos acadêmicos que podem ser transformados em artigos científicos e publicados em revistas. Nos próximos capítulos você encontrará informações sobre como redigir cada uma das seções que obrigatoriamente devem estar contidas nesses trabalhos, como selecionar boas fontes de informação para confecção dos seus textos, como automatizar o processo de citação e listagem das referências que comporão o seu trabalho, bem como quais são as principais dicas para que você consiga publicar o seu artigo com maior rapidez. A intenção dos autores será sempre a de facilitar as coisas, indo diretamente ao assunto e sem maiores explicações filosóficas sobre o porquê das coisas. Aos colegas que porventura concluírem que a linguagem e a forma de apresentação das informações aqui apresentadas são muito simplistas, sintam-se convidados a debater suas opiniões confeccionando uma nova obra! Mas por favor, poupem a todos nós de textos maçantes e que pouco contribuem, por exemplo, para guiar um estudante de graduação originário de uma escola secundária pouco formativa, e que precisa de apoio real para que possa se embrenhar no estonteante caminho da Ciência. Vamos juntos!

RELATOS TÉCNICOS: O QUE SÃO, PARA QUE SERVEM E COMO ESCREVÊ-LOS

Renato Ribeiro Nogueira Ferraz, João Victor Fornari, Anderson Sena Barnabé, Renan Antônio da Silva

De antemão, é muito importante que você saiba, antes de começar a ler este capítulo, que os Relatos Técnicos constituem uma modalidade de trabalho acadêmico bastante comum na área de Ciências Sociais Aplicadas, especialmente na Administração, embora estejam, gradativamente, aparecendo também em áreas distintas como a da Saúde e Educação. Todavia, se você faz algum curso de gestão na área da Saúde, aí então os Relatos Técnicos voltam a apresentar considerável importância, visto que as instituições de saúde passam a ser vistas como empresas, e neste caso, o Relato Técnico será uma modalidade muito interessante de produção e que poderá ser utilizado tanto como trabalho de conclusão de disciplinas como de cursos em geral.

Na realidade, um Relato Técnico (RT) é um trabalho científico mais simples, considerado ainda como uma produção técnica, e normalmente apresentado aos alunos de mestrados profissionais logo no início de seus cursos, quando a estes cabe entender a necessidade de aliar teoria e prática na condução de suas dissertações. No RT, destaque especial é dado à empresa ou organização que será foco do estudo, ao problema apresentado por esta corporação, assim como à proposta de solução eleita pelos autores do Relato para que o problema levantado seja efetivamente solucionado. Na maioria das vezes, o leitor de um RT não é um acadêmico ou estudante, e sim um profissional ou empresário que enfrenta uma condição semelhante ao problema apresentado pelo autor do Relato, e que procura uma solução rápida para o referido problema, sem muita enrolação, sem muito "mimimi". A condução e redação de um RT é indicada para alunos e pesquisadores que exerçam cargos de gestão nas diferentes instituições, já que estes são os profissionais que podem tomar decisões gerenciais nestas empresas. Todavia, dependendo do cargo que você exerce, também poderá se envolver na concepção dos RTs.

São várias as diferenças entre um RT e um artigo científico tradicional, especialmente no tocante ao referencial teórico e à forma de redação das diversas seções que os compõem. Para que possamos ganhar tempo, não vamos ficar aqui enumerando cada uma dessas diferenças! Na sequência, são apresentados os conteúdos e os requisitos para cada seção de um RT. Lendo-as, você identificará facilmente a diferença dessa modalidade de trabalho com relação aos Estudos de Caso, aos Estudos Observacionais a às Revisões de Literatura. Vamos lá...

Título de um RT

Assim como para as outras modalidades de produção científica apresentadas neste livro, existe uma fórmula básica para fazer com que o título de um RT contenha todas as informações necessárias para torná-lo publicável. Como a empresa (organização), o problema, bem como a sua solução, são o foco central do trabalho, nada mais justo do que contemplá-los já no título do Relato, todavia chamando a atenção para a solução, que é a parte mais importante do trabalho, seguida do problema e da modalidade de empresa estudada. Dessa forma, já na leitura do título, o interessado saberá se aquele RT poderá contribuir para solucionar o problema enfrentado pela empresa que ele gerencia, ou se este leitor deverá partir para outras fontes de informação. A "equação para delimitação do título" de um RT se encontra disposta na Figura 1.

FERRAMENTA (solução) + OBJETIVO (problema) + LOCAL (organização)

Figura 1: Equação de delimitação de títulos de Relatos Técnicos.

Quando você for decidir o título do seu RT, entenda que vale muito mais à pena chamar a atenção logo no começo para a "solução". Isso faz com que o leitor tenha mais interesse no seu trabalho, visto que todos nós sempre buscamos a solução para os nossos problemas. Em seguida, quando o leitor identificar o problema e a empresa, ele imediatamente saberá se a leitura completa do Relato será realmente importante para contribuir na solução do contratempo gerencial por ele vivenciado. Exemplos de títulos de Relatos apresentados em eventos e publicados em revistas acadêmicas, ou seja, exemplos de sucesso, são apresentados nas Figuras de 2 a 4. Logo após a legenda de cada Figura está disposto um pequeno parágrafo que busca justificar o título delimitado para cada um dos Relatos apresentados.

IMPLANTAÇÃO DE UM MODELO DE SISTEMA DE RATEIO DE CUSTOS PARA DEFINIÇÃO DE VALOR DE LOCAÇÃO DE ESPAÇO EM CLÍNICA MULTIDISCIPLINAR DE SAÚDE

ANNA SOFIA COSTA NERI
UNINOVE – Universidade Nove de Julho

RENATO RIBEIRO NOGUEIRA FERRAZ
UNINOVE – Universidade Nove de Julho

Figura 2: Exemplo de título de RT.

No Relato apresentado na Figura 2, identifica-se que a proposta de solução do problema apresentado é "implementar um sistema de rateio de custos". Ao ler os dizeres "para definição de valor de locação de espaço", imediatamente é possível identificar que o problema apresentado pela organização é que o espaço físico da empresa era alugado sem muito critério, o que por sua vez poderia trazer prejuízos financeiros à organização. Por fim, identifica-se com facilidade o tipo de organização estudado, que neste caso é uma clínica que atende diversas modalidades médicas.

A IMPLANTAÇÃO DA NBR ISO/IEC 17025:2005 COMO FERRAMENTA PARA ACREDITAÇÃO DE LABORATÓRIOS DE SAÚDE PÚBLICA

Renato Ribeiro Nogueira Ferraz[1]
Everaldo de Cerqueira[2]
Anderson Sena Barnabé[3]
João Victor Fornari[4]

Figura 3: Exemplo de título de RT.

Qual é a proposta para solucionar o problema foco do Relato apresentado na Figura 3? É a implantação de adequações propostas em uma norma específica. Qual é o problema enfrentado pela organização? A falta de acreditação, que por sua vez depende da implantação da referida norma. Qual é o tipo de organização? Um laboratório de saúde pública. Logo, neste RT de sucesso, os três pontos principais de um título bem delimitado, e que fala por si só, estão claramente presentes.

Figura 4: Exemplo de título de RT.

Para finalizar o exemplo de como delimitar o título de um RT, é possível observar claramente na Figura 3: 1 – a solução: aplicar a técnica de mapeamento de processos por fluxograma; 2 – o problema: estão ocorrendo falhas no atendimento; 3 – o tipo de organização: uma clínica ambulatorial.

Resumidamente, ao definir o título do seu RT, deixe claro a proposta de solução, o problema enfrentado, e a categorização da empresa estudada. Isso fará com que o interessado pelo seu trabalho se disponha a iniciar a leitura da Introdução. Em casos onde os três pontos mais importantes do trabalho não são contemplados já no título, a chance do seu relato ser negado sem leitura pelas revistas especializadas acaba por se tornar um problema bastante iminente.

O que escrever na Introdução de um RT?

A Introdução de um Relato é completamente diferente da Introdução de outras modalidades de produção científica. Enquanto nos artigos, especialmente nos estudos observacionais, é necessário fazer uma contextualização na forma de "pirâmide invertida" sobre o tema central que norteia o trabalho, conforme descrito nos capítulos subsequentes. Já no RT, a Introdução deve contemplar de maneira bastante breve os pontos já presentes no título (organização, problema e proposta, e nessa sequência, que é contrária à sequência das mesmas informações dispostas no título), e que por sua vez serão profundamente descritos na seção de Aspectos Metodológicos do Relato.

Inicie sua Introdução com uma curta descrição da empresa, focando especialmente no seu ramo de atuação. Faça isso no primeiro parágrafo. No segundo parágrafo, descreva em poucas palavras o problema enfrentado pela empresa descrita e, no terceiro, discorra sobre como você, autor, pretende resolver o problema apresentado, todavia sem fornecer maiores detalhes sobre o processo de aplicação da ferramenta proposta, sem escrever demais sobre o operacional de aplicação, que por sua vez deverá ser descrito passo-a-passo na seção de Método. O quarto parágrafo do seu RT deverá apresentar uma justificativa plausível para a realização do trabalho, ou seja, deverá focar nos principais benefícios que se pretende alcançar após a aplicação da ferramenta de solução proposta para resolver o problema apresentado. O último parágrafo da Introdução deverá conter uma descrição das próximas seções do Relato, ou seja, o que estará contido nas seções de Referencial Teórico, Aspectos Metodológicos, Resultados Obtidos e Análise, e Considerações Finais. As Figuras de 5A a 5D apresentam 4 parágrafos de um RT já publicado, e os dizeres após as respectivas Figuras trazem uma breve explicação sobre o contexto presente em cada um dos recortes.

1. INTRODUÇÃO

O Instituto Adolfo Lutz é reconhecido internacionalmente por sua competência para responder às ocorrências em sua área de atuação, tendo como missão contribuir decisivamente no planejamento das ações de vigilância epidemiológica, sanitária e ambiental para prevenção, controle e eliminação de doenças e agravos de interesse em saúde pública. O instituto também produz conhecimentos relevantes para a saúde coletiva, desenvolve pesquisas aplicadas, promove e divulga trabalhos científicos, colabora na elaboração de normas técnicas, padroniza métodos diagnósticos e analíticos e organiza cursos de formação técnica, de aperfeiçoamento e estágios de aprimoramento em nível nacional e internacional.

Figura 5A: Primeiro parágrafo da Introdução de um RT.

Ao ler o texto presente na Figura 5A, nota-se a breve descrição de um laboratório de saúde pública, inclusive com algumas de suas atribuições. Dessa forma, as informações presentes no Relato utilizado como exemplo poderão ajudar, teoricamente, muito mais os gestores de outros laboratórios do que empresários de outros ramos (como os donos de padaria!).

Entretanto, é comum observar empresas que, apesar de estarem estabelecidas no mercado, não possuem controle adequado sobre a forma como suas atividades são desenvolvidas, seja por que os processos foram surgindo ao longo do tempo, sem que fossem desenhados, ou que foram desenhados, porém foram se modificando no decorrer do tempo sem que houvesse algum registro de suas alterações. (SLACK et al., 2013). Diante disso, a execução do processo está condicionada ao entendimento das pessoas que estão envolvidas e desempenham a atividade. Esta situação expõe estas organizações ao risco de interpretações equivocadas destes profissionais que estão na execução, sobre a forma de como desenvolvê-la, conforme afirmam Pyzdek e Keller (2011), que dependendo do turno ou da pessoa que está prestando o serviço, os clientes podem sentir mudança na forma como receberão seu pedido e isso não implica que o produto ou serviço seja melhor. Em alguns casos pode ser ao contrário, o que não é interessante para a empresa.

Figura 5B: Segundo parágrafo da Introdução de um RT.

Repare no texto apresentado na Figura 5B, que se refere ao segundo parágrafo da Introdução de outro Relato. Ele relata o problema enfrentado pela empresa em questão, uma clínica ambulatorial, especialmente com relação à falta de controle de algumas de suas atividades, expondo a organização a certos riscos. Ou seja, logo após a descrição da empresa, relatar o problema por ela enfrentado, de forma sucinta, é a melhor indicação para o segundo parágrafo do seu RT.

> O uso das fichas técnicas de preparação não é obrigatório. Todavia, tem sido notado através de observações empíricas que as características organolépticas finais dos produtos preparados com e sem a utilização dessas fichas diferem bastante. Além disso, existem ainda relatos de maiores gastos de matéria-prima, dentre outros, quando da não utilização das fichas de preparação. Diante do exposto, julga-se importante avaliar a eficácia da utilização das fichas técnicas de preparação, comparando o resultado final das receitas preparadas com e sem a sua utilização, com o intuito de validar este importante instrumento de trabalho, que poderá garantir a qualidade e padronização de receitas, a satisfação da clientela, o domínio sobre as atividades realizadas no estabelecimento e a autonomia dos colaboradores.

Figura 5C: Terceiro parágrafo da Introdução de um RT.

Note agora o texto apresentado na Figura 5C, que na realidade é o terceiro parágrafo de um RT diferente dos Relatos apresentados nas Figuras 5A e 5B. Nele nota-se claramente a proposta dos autores para solucionar um problema relacionado ao desperdício de matéria-prima na fabricação de determinados alimentos, utilizando um instrumento denominado "ficha técnica de preparação". Ainda, é possível identificar claramente o objetivo do RT, que deve fazer parte do final deste parágrafo, além dos benefícios que a execução da proposta apresentada poderá trazer a organização em estudo. Caso queira, o autor poderá separar estes benefícios em um quinto parágrafo, que deverá ser entendido como o "parágrafo de justificativa". Quando você ao menos prevê esses benefícios, você ganha muitos pontos no momento da avaliação do Relato, já que você justifica ainda mais a importância da realização do trabalho.

> No decorrer deste RT, além desta Introdução, disponibiliza-se um breve Referencial Teórico focando especialmente os casos de sucesso já relatados com a utilização do *Scriptsucupira*. Logo após, no item Metodologia, encontram-se detalhadas as etapas necessárias para seleção, extração, tratamento e disponibilização dos dados aqui comentados. Em seguida, são apresentados e analisados os Resultados das extrações, que se resumem em relatórios no formato de páginas na *internet*, que por sua vez contém uma série de indicadores de produção relativos à lista inicial de alimentação da ferramenta. Finalmente, na seção de Conclusões, são destacadas as melhorias alcançadas pela Instituição com o uso do *Scriptsucupira*, além das limitações da proposta e sugestões de trabalhos futuros.

Figura 5D: Último parágrafo da Introdução de um RT.

Ao ler o texto apresentado na Figura 5D, você deve ter reparado que o autor comenta que, "além desta Introdução, este relato traz a seção tal, que descreve isso, a seção tal, que fala daquilo, e assim por diante...". Esse é o tipo de texto que deve finalizar a Introdução do seu RT. Você verá mais adiante neste mesmo capítulo quais são as informações que devem estar contidas em cada uma das seções que sucedem a Introdução. Dessa forma, um microrresumo do conteúdo dessas seções deverá ser disponibilizado no último parágrafo da sua Introdução. Seguindo estas instruções você terá produzido uma Introdução convincente, que justifica a importância da realização do seu trabalho, estando agora preparado para redigir a seção de Referencial Teórico. Vamos a ela?

Redigindo o Referencial Teórico

O Referencial Teórico de um trabalho científico (que em algumas situações poderá se chamar "Contexto Investigado"), comum nos relatos técnicos e na maioria dos artigos da área de Administração, é muito semelhante ao texto da Introdução dos estudos observacionais e da maioria das produções acadêmicas da área da saúde. É no Referencial Teórico que são apresentadas as principais referências que fornecem subsídios, com base na literatura já publicada, para que se possa desenvolver um novo trabalho. A diferença mais marcante é que, nos trabalhos da área da Saúde, a Introdução e o Referencial Teórico são uma coisa só, fundidos na seção de Introdução, enquanto que nos trabalhos da área de Administração, a Introdução é uma coisa e o Referencial é outra coisa completamente diferente, mas que, todavia, está diretamente relacionada ao problema de pesquisa apresentado na Introdução. Vamos logo entender como se escreve o Referencial Teórico do seu RT...

Enquanto em um artigo científico da área de Administração, o Referencial Teórico deverá contextualizar sobre a evolução histórica do tema de estudo, nos Relatos esse referencial deverá focar profundamente na ferramenta que foi proposta na Introdução do trabalho para resolver o problema na organização descrita, ambos também apresentados na primeira seção. Sendo assim, o Referencial Teórico do RT não pode trazer artigos que não se refiram especificamente à proposta de solução indicada por seus autores, ou seja, a grande maioria dos artigos citados e utilizados como fonte de dados para escrever o Referencial deverá trazer casos de sucesso onde a ferramenta proposta para solucionar o problema da empresa já tenha sido aplicada em outras instituições, mesmo que de forma diferente e em organizações que pertençam a outros seguimentos de mercado. Não é permitido devanear! O máximo que se pode fazer no Referencial de um RT é fornecer algumas definições sobre o tema central do Relato, já no início do seu texto. Repare no primeiro parágrafo do Referencial Teórico de um RT já publicado com sucesso, disponível na Figura 6A:

2 Referencial Teórico

Entende-se por custo um *"gasto relativo a bem ou serviço utilizado na produção de outros bens ou serviços"* (Martins, 2003). Para Nascimento, 2001, *"custo é o somatório dos bens e serviços consumidos ou utilizados na produção de novos bens ou serviços, traduzidos em unidades monetárias"*. Para Abbas (2001), *"Custo representa o valor dos bens e serviços consumidos na produção de outros bens ou serviços"*. Os custos são classificados em vários tipos, entretanto, iremos apenas considerar os que foram utilizados para construção deste trabalho, denominados custos fixos e custos variáveis. O custo fixo, segundo Nascimento (2001), *"por sua própria natureza, é o que não varia, seja qual for a quantidade produzida em determinado período"*. Martins (2003), também ressalta a independência do custo fixo em relação à quantidade produzida, quando traz a definição de custo fixo exemplificando que *"o aluguel da fábrica em certo mês é de determinado valor, independente de aumentos ou diminuições naquele mês do volume elaborado de produtos."*. Diferente do custo fixo, Martins (2003) traz a definição de custo variável como "aquele que varia de acordo com o volume de produção". Essa definição está de acordo com Nascimento (2001), que afirma que *"custo variável é o que, a qualquer variação da quantidade produzida ou vendida, acompanha essa mesma variação"*. Moraes (2006), afirma que *"os custos variáveis tem a característica de acompanhar o ritmo produtivo sendo mais perceptíveis e de fácil distribuição"*.

Figura 6A: Primeiro parágrafo do Referencial Teórico de um RT.

Como o trabalho em questão apresentava uma ferramenta específica para resolver um problema relacionado aos custos de produção elevados de uma determinada organização, foi permitido aos autores do referido RT realizar uma breve contextualização sobre o que seriam "custos", todavia utilizando apenas um parágrafo, e sem fornecer definições muito profundas sobre o tema. Repare que não se fornece nenhum histórico sobre custos. Apenas a definição do termo, assim como a sua divisão básica em custos fixos e variáveis é fornecida. E chega! Caso seja necessário fornecer qualquer outro tipo de informação, os autores deverão avaliar se elas são realmente essenciais para a solução prática do problema, visto que o leitor de um RT não está interessado em histórias, e sim em resolver o entrave que está amarrando a sua empresa. Não se aprende teoria nos Relatos Técnicos, tão pouco se tem acesso à evolução histórica do assunto discutido. Tais informações devem estar disponíveis em Artigos de Revisão de Literatura, e não em um RT. Agora, é hora de começar a fornecer casos de sucesso da ferramenta de solução proposta, conforme pode ser visualizado no recorte apresentado na Figura 6B:

     Ainda com relação à avaliação das competências em pesquisa de um grupo de professores vinculados a um Programa de Pós-graduação *Stricto Sensu* em Administração, o *Scriptsucupira* também foi utilizado na obtenção de um levantamento de indicadores de desempenho relacionados aos resultados das pesquisas que estarão disponíveis nos próximos anos, o que permite garantir a qualidade do Programa avaliado nos anos vindouros, já que é possível dinamizar o preenchimento e gerenciamento dos dados acadêmicos do Programa, e consequentemente facilitar a gestão da prestação de contas anual e quadrienal a CAPES por meio do preenchimento da Plataforma Sucupira (R. Ferraz, Quoniam, & Maccari, 2014; R. R. N. Ferraz, Quoniam, & Maccari, 2014a, 2014b).

     Em uma avaliação prévia do desempenho e das redes de colaboração entre os professores e pesquisadores de um curso de Pós-graduação *Stricto sensu* em Engenharia, a utilização da ferramenta *Scriptsucupira* também mostrou eficiência na extração de dados de docentes e alunos, disponibilizando os resultados também de maneira organizada, com as mesmas características já descritas até então, levando em conta a complexidade e a relevância social das pesquisas conduzidas na referida área. Os autores deste trabalho destacam que, com respeito à responsabilidade social, a aplicabilidade direta dos resultados das pesquisas acadêmicas e tecnológicas deve ser tomada como uma preocupação constante. Ainda, a disponibilização dos indicadores de produção em jornais, revistas de grande circulação, mídia e artigos especializados para o púbico leigo deve ser realizada sempre que possível.

Figura 6B: Recorte de texto contendo dois casos de sucesso que devem sustentar a proposta de solução apresentada em um RT.

Talvez você tenha ficado com preguiça de ler cada um dos parágrafos recortados, ou mesmo não tenha entendido sobre o que eles se dispuseram a apresentar. Mas é simples... O recorte apresenta dois parágrafos do Referencial Teórico de um RT, que por sua vez traz casos de sucesso de utilização da ferramenta que se propõe aplicar neste novo Relato que está em confecção. Em cada um desses parágrafos deve ser apresentado o ramo de negócio da empresa (no caso acima são instituições de ensino), o problema por elas apresentado, a forma com a qual a proposta foi implementada, assim como os resultados obtidos após esta implementação (espera-se que tais resultados sejam positivos!).

Ressalta-se o fato de que a ferramenta proposta já foi utilizada com sucesso em outras situações semelhantes à que é proposta no novo Relato. É dessa forma que você deve redigir o Referencial do seu trabalho, de maneira curta e grossa, matando a cobra e mostrando a cobra morta, convencendo o leitor de que está utilizando uma ferramenta que, muito provavelmente, resultará em sucesso! Passado o Referencial Teórico, vamos à seção de Metodologia do seu RT...

Redigindo a seção de Aspectos Metodológicos (que em alguns eventos poderá ser rotulada como "Diagnóstico da Situação Problema")

Daí você poderia resolver perguntar: Metodologia? Material e Método? E Métodos? Método? Diagnóstico da Situação Problema? Depende... Depende muito do evento científico para o qual você pretende enviar seu RT, ou mesmo da revista na qual você vislumbra publicá-lo. Cada evento, cada revista, possuem suas respectivas regras para submissão de trabalhos, que por sua vez devem ser seguidos à risca. A própria seção de Referencial Teórico pode aparecer, em algumas situações, com o título de Contexto Investigado. Dessa forma, o menos importante a ser discutido aqui é o rótulo da seção. Valor mesmo deve ser dado, efetivamente, ao seu conteúdo.

Na seção de Método do seu RT, você deverá, após uma breve classificação da pesquisa no contexto da Metodologia como Ciência, repetir as mesmas informações apresentadas na Introdução, todavia com intensa profundidade. Descreva inicialmente a organização foco do RT, relatando todas as minúcias possíveis, como a área ocupada, localização geográfica, número de funcionários, turnos de trabalho, ramo de atuação, produtos ou serviços oferecidos, posição no mercado, dados sobre o faturamento, dentre outros. Não será necessário fornecer todas as informações em todos os Relatos. Porém, as informações que essencialmente estejam atreladas ao problema citado no Título e na Introdução deverão ser dissecadas. Também não é importante fornecer o nome ou razão social da empresa. Não importa identificar a organização, mas sim, entender a situação-problema por ela apresentada. Para saber se a descrição da empresa ficou boa, basta pedir para um amigo ler o seu texto e, se ele conseguir "sentir-se dentro da empresa", conseguir "visualizá-la", mesmo sem nunca a ter conhecido, considere que a redação deste parágrafo foi um sucesso!

Em seguida, assim como na Introdução, volte a falar da situação-problema apresentada pela empresa. Não economize! Conte todos os detalhes relacionados ao foco deste problema. Nesse ponto, será necessário apresentar "números", ou seja, o autor devera elencar indicadores que podem ser medidos antes (na vigência do problema) e após a aplicação da proposta de solução. Se o problema da empresa é o elevado absenteísmo, o número de funcionários que não comparece ao trabalho deve ser apresentado, por exemplo, mês a mês. Se possível, transforme esse indicador em "dinheiro", ou seja, mostre em números quais são as perdas financeiras da empresa com as faltas ao trabalho. Aproveite também para comentar quais são as causas dessas faltas.

Já no caso de uma empresa que apresenta lucro baixo, custo elevado, baixo número de unidades vendidas, dentre outros, o "valor em dinheiro" que tais problemas representam é uma informação quase obrigatória. Algumas empresas não permitem a divulgação de valores vinculados às suas finanças. Neste caso, quem redige o RT deverá, de alguma forma, identificar um indicador que possa substituir esses valores. Mas uma coisa é certa: é obrigatória a apresentação de indicadores que possam ser mensurados no pré e no pós-implementação da proposta de solução, caso contrário, não será possível comprovar que as mudanças sugeridas foram realmente eficazes. Uma exceção à regra se refere ao fato de algumas instituições onde, por exemplo, determinada atividade é exercida ainda de forma não regulamentada, como por exemplo, um hospital que não possui fluxo desenhado para atendimento de emergência, ou uma empresa que exporta ou importa produtos ou insumos ainda aguardando uma permissão legal para exercer tal atividade. Nesse caso, o cumprimento de exigências burocráticas e que permitam à empresa continuar no seu ramo de atividade, todavia de forma legalizada e/ou adequada, constituem um exemplo de RT onde não será possível identificar um indicador pré que seja passível de mensuração.

Como último bloco de texto da seção de Método, você deverá descrever nos mínimos detalhes a ferramenta proposta para solução da situação-problema apresentada no bloco anterior. Nessa hora é proibido economizar. Todos os detalhes relacionados à implementação da ferramenta deverão ser cuidadosamente listados. É como se você estivesse passando a receita de um bolo para que alguém que irá tentar reproduzi-lo. Essa parte do seu RT deverá ser uma receita, um manual, um passo-a-passo, de forma a permitir que qualquer pessoa em qualquer lugar do universo seja capaz de reproduzir o que você fez. Caso numa receita de bolo não esteja escrito que é necessário colocar ovos, o bolo não sairá. Da mesma forma, se não forem ditos quantos ovos, o bolo jamais ficará bom. Essa parte do Relato deverá trazer, portanto, o que chamamos de "operacional" do trabalho. Comente se foram realizadas mudanças físicas no local, se funcionários foram realocados, se ocorreram contratações ou demissões, se novos equipamentos foram adquiridos. Relate todas as métricas utilizadas, instrumentos de coleta de dados utilizados (descreva-os profundamente). Comente se aconteceram entrevistas, observações, comente se houve participação dos autores na resolução do problema. Enfim, forneça, como dito, a "receita do bolo". Lembre-se que o Método de um trabalho científico, quando bem escrito, deve ser reproduzido por qualquer pesquisador. E aqui, vale ressaltar, que não devemos nos preocupar com pesquisadores de caráter duvidoso que costumam não colocar o "pulo do gato" na seção de Método de seus trabalhos. Ainda bem que esse tipo de gente ainda não é maioria no meio acadêmico (melhor continuarmos a acreditar nisso).

Antes de finalizar, vale lembrar que no primeiro parágrafo do Método, antes mesmo da descrição da empresa, é necessário fornecer uma breve classificação do Relato. Lembre-se que um RT não é um estudo de caso! Estes requerem um Referencial muito mais profundo do que o apresentado em um Relato. A maioria dos Relatos Técnicos serão classificados como pesquisas-ação (onde os autores do trabalho participam da execução da proposta). Ainda, poderão ser vistos como trabalhos descritivos (que relatam uma situação qualquer, que neste caso será o problema enfrentado pela organização) e de abordagem quantitativa (quando são avaliados indicadores numéricos pré e pós) ou qualitativa (quando as impressões sobre determinado produto ou serviço são coletadas, por exemplo, em entrevistas abertas). É evidente que não são apenas essas as possíveis classificações nas quais o seu Relato poderá se encaixar. Contudo, vale aqui ressaltar que o mais importante em um RT não é a sua classificação, e sim, se a proposta apresentada será capaz de solucionar o problema existente e, não menos importante, se tal proposta poderá ser replicada por outros empresários que porventura enfrentem situações semelhantes. Vamos agora à apresentação e discussão dos Resultados?

Apresentação dos Resultados Obtidos e sua análise à luz da Literatura (Discussão)

Diferentemente do que pode ser notado com relação aos estudos observacionais, onde os Resultados e a Discussão (que corresponde à análise dos Resultados) se encontram em seções separadas, nos Relatos Técnicos as duas seções são apresentadas juntas. Na seção de Apresentação dos Resultados Obtidos e Análise (que em determinadas situações poderá ser chamada de "Análise da Situação Problema"), comum nos Relatos, o autor deverá: 1 – apresentar o resultado de cada variável proposta na seção de Método (no pré e no pós implementação da ferramenta); 2 – discutir o referido resultado à luz da literatura (se isso for possível). Quer um exemplo? Digamos que você está redigindo um RT cuja proposta central foi aumentar os lucros de determinada empresa. Dessa forma, você deverá apresentar o lucro antes e após da implementação da ferramenta proposta. Após demonstrar numericamente que os lucros aumentaram, você deverá: 1 – comparar o seu resultado com algum trabalho já publicado, e que tenha utilizado a mesma ferramenta proposta, mesmo que em uma organização completamente diferente daquela que você realizou o seu trabalho; 2 – descrever sucintamente o método e os resultados presentes no trabalho que você utilizou como base de comparação; 3 – explicar ou, ao menos, especular sobre os motivos pelos quais o resultado que você apresentou efetivamente aconteceu. Repare que, quando comparado com um estudo observacional, a única diferença é que tudo é feito em uma mesma seção. Observe o exemplo apresentado nas Figura 7A e 7B:

---

4. RESULTADOS OBTIDOS E ANÁLISE

Após a implantação da ABNT NBR ISO/IEC 17025:2005, foi notada considerável redução no tempo necessário para realização das análises, o que refletiu diretamente na redução do tempo de exposição do analista a produtos químicos potencialmente nocivos. Tais resultados se deveram essencialmente ao emprego de novas técnicas automatizadas, que também contribuíram para uma drástica redução do volume de reagentes utilizados em cada análise.

Figura 7A: Apresentação de um resultado após a implementação da ferramenta proposta para solução da situação-problema, com a explicação do principal motivo associado à melhoria observada.

De maneira semelhante aos resultados obtidos por um estudo visando a acreditação de três laboratórios de análises ambientais localizados no Rio Grande do Sul (JORNADA et al, 2004), a implantação de novas técnicas (automatizadas ou não) obrigou o laboratório a substituir diversos produtos químicos que não possuíam o grau de pureza necessário, ou mesmo a qualidade preconizada por determinados métodos, o que influenciou positivamente no aumento da confiabilidade nas análises.

Figura 7B: Comparação do resultado apresentado com um trabalho já disponível na literatura, descrevendo o que foi feito no trabalho usado como base de comparação.

Nem sempre será possível apresentar o resultado, compará-lo com outro trabalho, descrever o que o trabalho comparado fez, e explicar o porquê de tal resultado. Nestes casos, apresentar os números pré e pós-implementação da proposta de solução talvez já possam ser considerados suficientes. Mas não se esqueça: todos os indicadores (variáveis) propostos na seção de Metodologia deverão ser retomados na seção de Apresentação e Análise dos Resultados. Se der para comparar com a literatura, melhor. Se não der, bata no peito e grite aos quatro ventos que o seu trabalho é o primeiro a aplicar a ferramenta X para solução do problema Y. Todavia, antes de fazer isso, a sugestão é que você refaça sua busca por artigos sobre o tema, visto que o mundo é muito grande e, possivelmente, alguém em algum canto do planeta já estudou o assunto que você está estudando.

Para finalizar a seção de apresentação e discussão dos seus resultados, sempre será sugerida a apresentação gráfica dos indicadores escolhidos em seu estudo. Coloque os números pré e pós em forma de tabela, em forma de gráfico de linhas, gráfico de barras, gráfico de pizza... Tal apresentação facilita a interpretação dos dados e fornece ao leitor uma segunda maneira de observar a eficácia da ferramenta implementada. Um exemplo de apresentação de dados pré e pós no formato de tabela pode ser observado nas Figuras 8A (dados qualitativos) e 8B (dados quantitativos).

Marcadores	Antes da implantação	Após a implantação
CONFIABILIDADE	Não havia rastreabilidade	Aumentou consideravelmente com a possibilidade de rastreamento
TEMPO DE LIBERAÇÃO DE AMOSTRAS	Até 30 dias (3 dias era a quantidade usual)	Amostras podem ser liberadas em até 1 dia
TEMPO EXPOSIÇÃO DO ANALISTA AOS REAGENTES	Uso de materiais de segurança inadequados	EPI's e EPC's em conformidade com a norma
VOLUME DE REAGENTES	Alto volume de solventes e reagentes envolvidos em uma análise	Uso de colunas de imunoafinidade e substituição de técnicas, com considerável redução do volume de reagentes utilizados
DESCARTE DE PRODUTOS	Grande produção de resíduos químicos descartáveis	Diminuição considerável no volume de resíduos produzidos
PROCEDIMENTOS DE COMPRA	Pouco detalhamento na descrição dos produtos	Compra mais criteriosa decorrente do maior detalhamento dos produtos
TREINAMENTO	Poucos servidores estavam treinados de acordo com as normas de procedimentos	Todos os servidores foram treinados e passaram a ter novos treinamentos periódicos
USO DE *SOFTWARES* ADMINISTRATIVOS	Muitos documentos internos eram esquecidos / perdidos	Os documentos passaram a ser acompanhados eletronicamente e com numeração inequívoca

Figura 8A: Exemplo de tabela com a apresentação de dados pré e pós, de abordagem qualitativa.

MÊS	PERÍODO	DIAS/ COLETA	FUNC/ PERÍODO	ABSENT/ PERÍODO	%	RAZÃO
FEVEREIRO	15 a 28	14	182	22	12,08	1,57
MARÇO	06 a 26	14	182	30	17,48	2,14↑
ABRIL	01 a 30	28	364	25	6,41	0,89↓

Figura 8B: Exemplo de tabela com a apresentação de dados pré e pós, de abordagem quantitativa.

Na Figura 8A verifica-se que, por exemplo, com relação à variável "confiabilidade", "não havia rastreabilidade" antes da implementação da solução proposta e, após a referida implementação, a "confiabilidade", variável foco no presente exemplo, "aumentou consideravelmente com a possibilidade de rastreamento". Já na figura 8B, é possível reparar que o absenteísmo, no mês de abril, caiu para 6,41%, quando comparado aos 17,48% do mês de março. Resumidamente, a apresentação dos valores pré e pós-implementação da proposta de solução, para cada variável de importância citada na seção de Método, é essencial para o sucesso da seção de Resultados do seu RT.

Finalizando seu RT: a seção de Considerações Finais

A última seção do seu Relato, na maioria dos casos é apresentada com o rótulo de "Considerações Finais", mas que também poderá aparecer como a seção de "Conclusões", "Contribuição Tecnológica-Social", dentre outros rótulos, deverá essencialmente responder à questão levantada durante todo o RT: a ferramenta proposta foi capaz de resolver o problema da organização apresentada? Vale lembrar que, mesmo se os resultados forem negativos, seu Relato deverá ser apresentado à Comunidade Científica como uma sugestão do que não se deve fazer na situação relatada em seu trabalho. É claro que todo pesquisador gostaria de observar resultados positivos ao final da condução de uma pesquisa, mas, infelizmente, nem sempre isso será possível. Portanto, acostume-se! Repare no primeiro parágrafo da seção de Conclusão descritos no RT exemplificado na Figura 9:

A implantação do rateio por metro quadrado apresentado neste relato técnico possibilitou aos gestores da clínica estudada visualizar o valor mínimo necessário a ser repassado mensalmente por cada profissional, como forma de pagamento pelo aluguel de utilização de suas instalações.

Figura 9: Conclusão de um Relato Técnico.

A proposta do RT disposto na Figura 9 era implantar um sistema de rateio de custos para definir o valor de locação dos espaços disponíveis em uma clínica de saúde. Já no primeiro parágrafo da Conclusão é possível verificar que a ferramenta proposta na execução deste trabalho foi eficaz, visto que possibilitou aos gestores da referida clínica identificar o valor mínimo necessário para ser mensalmente repassado para cada profissional a ela vinculado. E é isso que se deve fazer no primeiro parágrafo: chamar a atenção para o sucesso ou insucesso da proposta central apresentada como solução para o problema descrito no corpo do seu RT.

Para finalizar esta seção, é importante assumir as limitações do seu Relato Técnico. Diferentemente dos estudos observacionais, onde as limitações deverão ser registradas no último parágrafo da seção de Discussão, nos relatos, as limitações deverão ser descritas no último parágrafo da seção de Conclusão. Não existem trabalhos perfeitos! Em todos os trabalhos científicos, por mais que seus autores se preocupem em seguir fielmente os mais rigorosos princípios metodológicos, sempre existirão limitações (falhas), que deverão ser relatadas, seja pelo fato da análise ter sido realizada em apenas uma empresa, em um período curto de tempo, com a observação de poucos indivíduos, poucos processos, dentre outros vieses. A Figura 10 apresenta as limitações do mesmo RT cujo título é destaque na Figura 9.

A proposta aqui apresentada possui algumas limitações, especialmente relacionada à dificuldade em se encontrar trabalhos disponíveis na literatura na área de saúde e que pudessem servir de parâmetro comparativo, o que efetivamente enriqueceria sobremaneira a discussão dos resultados apresentados. Como proposta para continuidade do estudo, sugere-se a criação de um sistema de centro de custos de forma que tais custos sejam alocados de forma mais específica, com o objetivo de dirimir qualquer impasse quanto à alocação dos custos variáveis, já que os profissionais são de especialidades diferentes e, portanto, os materiais utilizados no atendimento variam de acordo com suas especialidades.

Figura 10: Exemplo de como descrever as limitações de um Relato Técnico.

Repare que, na Figura 10, mais especificamente no final do texto, os autores sugerem que outros trabalhos sejam realizados para preencher as lacunas que porventura tenham permanecido após a condução da pesquisa. Logo, você deverá assumir as suas limitações, mas também poderá sugerir que outros autores se empenhem em idealizar e conduzir novos estudos, mais bem desenhados, comparando diversas organizações, observando-as por um período de tempo mais longo, dentre outras sugestões, para que possa ser verificado se os resultados observados em uma curta observação (este é o foco de um RT) poderão se repetir quando aplicados em maior escala. Por fim, emita sua opinião como pesquisador. Finalize o parágrafo de Conclusão com uma recomendação para os gestores cujas empresas atravessem uma situação-problema semelhante a que você apresentou em seu Relato. Sugira que essas empresas apliquem a mesma ferramenta de solução que você acabou de demonstrar ser eficaz na seção onde seus resultados foram apresentados. Pelo menos é isso que, normalmente, se espera de um

Relato Técnico: a fórmula mágica, a receita do bolo para a solução de um problema empresarial.

Considerações Finais

Seu Relato Técnico está praticamente pronto! O que falta agora é fazer tanto o resumo em inglês quanto o resumo em português, sem se esquecer, é claro, das palavras-chave em ambos os idiomas. Todavia, como este assunto foi amplamente discutido no capítulo de Estudos Observacionais (ver adiante neste mesmo livro), basta seguir as mesmas regras para a redação dos resumos do seu RT, que serão semelhantes para as diversas modalidades de trabalhos científicos apresentadas nesta obra. Grosso modo, o resumo de um Relato deve começar com o Objetivo do trabalho (sem Introdução!), seguido do Método empregado (com foco na proposta de solução para o problema norteador da pesquisa), o principal Resultado encontrado (o problema foi resolvido?), e a Conclusão/Recomendação para empresas em situações semelhantes (Figura 11).

Resumo

Este relato teve como objetivo a identificação do custo de cada uma das salas de uma clínica ambulatorial multidisciplinar, com o intuito de fornecer aos gestores uma base de valor para definição do valor mensal de locação a ser cobrado de cada profissional de saúde. Foi realizado um estudo da estrutura da clínica, no qual foi definida, em metros quadrados, a área de ocupação de cada serviço. Em seguida, o custo total foi rateado, alocando um valor de custo para cada sala, proporcional ao espaço ocupado pela mesma. A aplicação do rateio possibilitou aos gestores da clínica calcular o valor de custo de cada espaço, fornecendo uma base para negociação do valor de locação a ser cobrado mensalmente de cada profissional. A cobrança de acordo com a área ocupada minimizou o risco de prejuízo da clínica pela variação de sua produtividade, bem como deixou claras as condições de repasse no momento de contratação do aluguel pelos profissionais, promovendo maior confiança e segurança na relação contratual.

Palavras-chave: Gestão em Saúde; Custos; Alocação de Custos; Ambulatório.

Figura 11: Exemplo de resumo de um RT.

Ainda está faltando alguma coisa? Sim! As referências! Mas como neste livro existe um capítulo específico para lhe instruir a citar e listar referências de um trabalho científico de forma automatizada, não vamos ficar aqui perdendo tempo com este assunto. Uma última dica: antes de submeter seu trabalho à publicação, seja ele um RT, um Estudo Observacional, um Estudo de Caso, ou uma Revisão da Literatura, não se esqueça de ler os capítulos sobre refinamento de referencial teórico e sobre as técnicas para facilitar a aprovação de trabalhos científicos. Nos vemos por lá!

Sumarizando as partes mais importantes de um Relato Técnico

1 - Título: Deverá indicar a solução, o problema, e caracterizar a empresa/local onde o RT será realizado.

2 - Resumo: Deverá conter Objetivo, Método (destacando a solução proposta), Resultado principal (a solução ou não do problema), e as Conclusões e Recomendações (enfatizando se outras empresas deverão ou não seguir as instruções do seu RT).

3 – Introdução: Deverá descrever a empresa, o problema e a solução proposta (todos de maneira superficial), devendo ainda conter uma justificativa para a realização do trabalho (com base nos possíveis benefícios), além de um roteiro com o conteúdo das próximas seções do RT.

4 – Referencial Teórico: Deve iniciar com uma breve contextualização sobre o tema central do trabalho (o problema a ser resolvido) e, quando possível, citar casos de sucesso com a aplicação da ferramenta de solução que o seu trabalho está propondo, justificando a escolha do Método.

5 – Metodologia: Deverá classificar a pesquisa, descrever a empresa, o problema e a solução (sendo esta a parte mais importante do Relato), todavia de maneira minuciosa. Ainda, deverá citar os indicadores para avaliação dos resultados, além de possíveis métodos estatísticos aplicados no trabalho.

6 – Resultados Obtidos e Análise: Esta seção deverá focar nos resultados dos indicadores escolhidos antes e após a aplicação da solução proposta. Se possível, compare-os com resultados já disponíveis na literatura.

7 – Conclusões e Recomendações Finais: A última seção deverá enfatizar o principal resultado do RT (o problema foi resolvido?), assumir as limitações do trabalho, sugerir novas pesquisas para suprir as limitações, e explicitar quais são as recomendações para instituições que apresentem problemas semelhantes ao apresentado pela empresa que você descreveu.

8 – Terminar o RT com a lista de referências utilizadas no trabalho (obedecendo rigorosamente as normas APA!).

Referências utilizadas como exemplos neste capítulo

DO CARMO, HMO et al. Uso da técnica de mapeamento de processo por fluxograma para redução de falhas de atendimento na recepção de uma clínica ambulatorial. Revista Acadêmica São Marcos, v. 5, n. 1, p. 52-67, 2015.

FERRAZ, RR et al. A implantação da **NBR ISO/IEC 17025: 2005** como ferramenta para acreditação de laboratórios de saúde pública. Revista Acadêmica São Marcos, v. 4, n. 1, p. 9-18, 2014.

FERRAZ, RR et al. Redução de custos e melhoria dos padrões de gestão com a utilização de fichas técnicas de preparação para padronização da montagem de refeições em unidades hospitalares. RMP - Revista dos Mestrados Profissionais, v. 2, n. 2, 2014.

NERI, ASC et al. Implantação de um modelo de sistema de rateio de custos para definição de valor de locação de espaço em clínica multidisciplinar de saúde. III SINGEP. Universidade Nove de Julho (UNINOVE), São Paulo – SP, 2014.

Referência complementar

Assista como redigir um Relato Técnico em:

https://www.youtube.com/watch?v=xUCVp6v1nWI

REDIGINDO UM ESTUDO DE CASO

Renato Ribeiro Nogueira Ferraz, João Victor Fornari, Anderson Sena Barnabé, Renan Antônio da Silva

Introdução

Os Estudos de Caso (EC), ou Relatos de Caso (RC), são trabalhos muito rápidos de serem redigidos (contanto que você já tenha em mãos o material necessário!), e são comuns em diversas áreas do conhecimento como Saúde, Educação, Administração, Engenharia, Direito, dentre outras. Porém, para cada uma das áreas citadas, a forma de descrever as seções que compõem o trabalho, bem como a profundidade do conteúdo, poderão variar consideravelmente. Enquanto na área de Saúde os RC são trabalhos de duas a três laudas, onde são apresentados pacientes ou condições clínicas novas ou raras, na área de Administração tais estudos são complexos, exigem um referencial teórico bastante apurado, e descrevem principalmente organizações (empresas). Ainda na Administração, existem os Estudos de Casos simples (uma única organização) e múltiplos (mais de uma empresa avaliada). Nos estudos da área de Saúde, os Relatos de Caso devem se referir normalmente à descrição de um único paciente, embora existam exemplos onde até três pacientes foram descritos, todavia com foco em uma única condição clínica comum a eles. Vários pacientes descritos em um mesmo trabalho constituem o que se chama de Série de Casos. Da mesma forma, se você é da área de Educação, ao invés de pensar em um paciente, pense em um aluno, e siga as mesmas instruções para a redação dos RC na área de Saúde.

Rapidamente, as Séries de Casos devem buscar identificar quais são as características comuns aos pacientes descritos nos Relatos de Caso, apontando, por exemplo, fatores de risco aos quais estes pacientes estiveram expostos, para a seguir, permitir que sejam desenhados estudos observacionais mais complexos, como os estudos transversais, descritos no capítulo de Estudos Observacionais, e os estudos de seguimento (coorte) e do tipo caso-controle, descritos no capítulo de Estudos Epidemiológicos. Não há necessidade de reservar um capítulo apenas para as Séries de Casos. Basta ao leitor entender que, quando vários Relatos de Caso são publicados, qualquer pesquisador pode reunir pacientes com as características descritas nos referidos trabalhos e identificar o que eles possuem em comum. Vamos focar, neste momento, nas seções necessárias para que você possa conduzir, redigir e publicar um Estudo de Caso com qualidade na área da Saúde ou Educação. Estamos juntos?

Como definir o título do meu Relato de Caso?

A definição do título de um RC segue a mesma regra apresentada para as outras modalidades de trabalhos acadêmicos. O título deve ser impactante, deve dizer a real proposta do trabalho, instigando a leitura completa da obra. Só para ressaltar, trabalhos com títulos mal definidos, por mais que possuam excelentes conteúdos, dificilmente serão lidos ou citados por outros autores.

No título de um RC, o primeiro elemento a ser destacado é o fenômeno estudado, ou seja, a doença ou a condição nova ou rara que acomete o paciente (ou aluno) eleito como o caso a ser descrito. Simples assim! Em seguida, é muito importante que o autor do trabalho deixe claro que se trata de um Relato de Caso. Observe o exemplo disponibilizado na Figura 1:

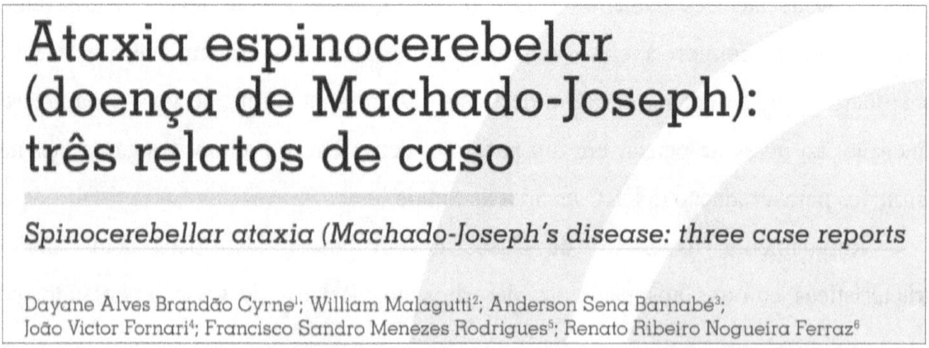

Ataxia espinocerebelar (doença de Machado-Joseph): três relatos de caso

Spinocerebellar ataxia (Machado-Joseph's disease: three case reports

Dayane Alves Brandão Cyrne[1]; William Malagutti[2]; Anderson Sena Barnabé[3]; João Victor Fornari[4]; Francisco Sandro Menezes Rodrigues[5]; Renato Ribeiro Nogueira Ferraz[6]

Figura 1: Exemplo de como delimitar o título de um Relato de Caso.

Na Figura 1 é fácil identificar que a ataxia espinocerebelar, uma rara doença degenerativa do sistema nervoso central, é o fenômeno principal investigado no RC em questão, que por sua vez, descreve três pacientes da mesma família acometidos pela referida condição clínica. Ainda é possível reparar que, após definir o fenômeno, os autores deixaram claro para qualquer leitor que se trata de um "Relato de Casos", devendo tal informação impreterivelmente aparecer já no título dessa modalidade de produção científica. Definido o título, já podemos então partir para a Introdução.

O que deve constar na Introdução de um Relato de Caso?

Nos RC, a Introdução deverá trazer uma breve contextualização sobre o fenômeno relatado, ou seja, as informações mais importantes sobre a condição elencada como eixo do trabalho deverão ser apresentadas já no primeiro parágrafo. Nele, é permitido escrever brevemente sobre a etiopatogenia (como a doença se instala no organismo e quais são as alterações orgânicas que ela ocasiona), da epidemiologia (número de casos e como estes casos se distribuem), dos sinais, dos sintomas, todavia sem qualquer aprofundamento, visto que o leitor de um RC normalmente é um profissional da área que já conhece tais informações, e cujo objetivo principal durante a leitura é aprender coisas novas sobre o fenômeno estudado. Ou seja, em um RC, o que já se sabe sobre a doença descrita não é tão importante. Caso alguém necessite de mais informações sobre o fenômeno descrito, deverá procurá-las em uma Revisão da Literatura sobre o tema. A Figura 2 apresenta os dois primeiros parágrafos da Introdução do Relato sobre os três casos de ataxia espinocerebelar, escolhido para ilustrar o presente capítulo, onde é possível claramente notar a brevidade na descrição do que já se sabia até então sobre a referida doença.

Introdução

A Doença de Machado-Joseph (DMJ) é uma patologia neurodegenerativa de natureza hereditária, que afeta principalmente os neurônios cerebelares. As primeiras manifestações surgem habitualmente na fase adulta, sendo os 40 anos a média de idade inicial[1]. Ocorre perda progressiva das capacidades motora e também a morte gradual de conjuntos específicos de neurônios[2].

Transmite-se de um modo autossômico dominante, o que quer dizer, por um lado, que homens e mulheres podem ser afetados e transmitir a doença, e por outro, que basta uma cópia do gene mutado (alterado) para surgirem os sintomas da doença. A probabilidade de um filho ser portador do gene é de 50%[1].

Figura 2: Dois primeiros parágrafos da Introdução de um Relato de Casos contendo algumas informações genéricas sobre o fenômeno estudado.

Na continuação da redação do texto da Introdução, caso seja possível, é permitido fornecer alguns antecedentes familiares do (s) paciente (s) descrito (s) no RC, especialmente se a condição clínica central apresentar alguma ligação com esses antecedentes, como as doenças de origem genética, que é o caso das ataxias. Neste momento vale à pena frisar que, em um RC, apenas condições novas ou raras merecem ter casos descritos. Doenças já conhecidas não permitem Relatos de Caso, a não ser que se associem com algum outro fenômeno, e que esta associação possa ser considerada, como dito, nova ou incomum. A Figura 3 descreve alguns dos antecedentes dos pacientes que compõem o RC utilizado como exemplo neste capítulo, e que deverão aparecer já na seção de Introdução, visto que a seção que efetivamente relatará o caso terá como foco a descrição dos pacientes componentes do estudo, e não de seus antecedentes familiares.

> No Brasil, a história da SCA iniciou-se em uma família no Estado do Ceará, por volta de 1820, com o casal JFM e MMV, que teve dez filhos. Os filhos do casal nasceram provavelmente no período de 1820 a 1840[12,13].
>
> A continuidade da árvore genealógica deu-se da seguinte forma: a filha J casou-se com JAB (não parente), originou-se a família B1 e tiveram dez filhos. A filha I casou-se com AFB (não parente), aqui se originou a família B2 e tiveram 14 filhos. O casamento do filho JA e da filha MJ não foi pesquisado. Por volta de 1870, teve início a casamentos de seis filhos de I com seis filhos de J, que eram primos legítimos de primeiro grau: RMB casou-se com FFM e JMB com RFM: SMB com RFM, PM do B com AG, CMB com AMB, MMB com PB. Os casamentos entre descendentes não somente desses casais, mas também entre descendentes de outros filhos de I e de J continuam até os dias atuais em grande número. Na década de 1940 começaram a surgir os primeiros casos de ataxia nos descendentes de I e J que moravam no estado de Ceará, capital Fortaleza[14].

Figura 3: Antecedentes familiares dos três pacientes descritos no RC utilizado como exemplo para ilustrar o presente capítulo.

Para finalizar a redação da Introdução, até porque esta não é a parte mais importante do RC e, por isso, não deve se alongar, sempre será necessário justificar a importância de se realizar o Relato. Mais uma vez, o parágrafo de "justificativa" deverá ser incluído como o último da seção de Introdução, assim como na maioria das outras modalidades de trabalhos acadêmicos apresentadas neste livro. Dentre os principais motivos que podem ser utilizados para realizar tal justificativa, destaque pode ser dado à escassez de informações na literatura sobre a condição descrita, conforme apresentado na Figura 4, que por sua vez se reflete na dificuldade das equipes de saúde em lidar com pacientes na referida condição, visto a falta de informações disponíveis sobre a doença.

> , atualmente
> residentes em São Paulo, e a escassez de infor-
> mações sobre essa patologia, até mesmo no meio
> acadêmico, foram os motivadores para a realiza-
> ção deste trabalho.

Figura 4: Exemplo de justificativa para um estudo do tipo Relato de Caso

Como definir meu Objetivo?

Não existe segredo na definição do objetivo de qualquer modalidade de trabalho acadêmico, e isso não é diferente nos RC. Basta se espelhar no título do próprio trabalho. Se o título deixa claro que o trabalho pretende relatar casos de um fenômeno qualquer, é evidente que o Objetivo se resumirá em "relatar os casos do referido fenômeno", conforme demonstrado na Figura 5, que se baseia no título apresentado na Figura 1.

> # Objetivo
>
> O intuito neste estudo foi avaliar o conhe-
> cimento dos portadores sobre a MJD e relatar
> seus sentimentos e expectativas a respeito de
> sua doença.

Figura 5: Exemplo da seção de Objetivo de um Relato de Caso.

O Relato de Caso possui uma seção de Método?

Evidentemente que sim! Não existe produção acadêmica que não contemple a seção de Método. Como em qualquer artigo, o Método é a parte do trabalho que descreve todas as etapas necessárias para se alcançar o Objetivo ora proposto. E se o Método não estiver adequado é bem provável que os Resultados de qualquer produção científica não terão qualquer serventia. Vamos a ele?

Em um RC, assim como em qualquer outra modalidade de trabalho acadêmico, tal seção deve se iniciar: 1 - com a classificação da pesquisa. Ainda, é necessário descrever: 2 - o período e, 3 - o local de realização da abordagem, 4 - o método de coleta e armazenamento de dados e informações, 5 - os testes estatísticos porventura utilizados para analisar estes dados, 6 - os critérios utilizados para selecionar o paciente (ou os pacientes) e, principalmente, 7 - os preceitos éticos necessários para que se possa realizar trabalhos envolvendo seres humanos. No exemplo disponibilizado na Figura 6, é possível identificar várias dessas informações, inclusive algumas relacionadas à submissão do trabalho a um Comitê de Ética regulamentado. Detalhes sobre o processo de submissão de projetos de pesquisa a estes Comitês serão abordados em um capítulo específico.

Método

Trata-se de uma pesquisa de campo com abordagem qualitativa, descrita como relato de casos, em que se realizou um contato prévio com os sujeitos da pesquisa, agendando-se horários para entrevistas. A coleta de dados foi realizada na residência do entrevistado por meio de pergunta norteadora, cuja resposta foi gravada para posterior transcrição. A amostra populacional foi constituída de três descendentes da família B, que residem hoje na cidade de São Paulo, sendo todos portadores da MJD/SCA3. Este trabalho foi submetido à apreciação do Comitê de Ética e Pesquisa (COEP) da Universidade Nove de Julho (UNINOVE) e aprovado sob o protocolo número 130665-2007. Antes das entrevistas, cada participante recebeu as informações sobre o objetivo do estudo e assinou termo de consentimento livre e esclarecido, autorizando a utilização de suas

respostas para a confecção deste trabalho, atendendo as exigências da Resolução 196/96 do Conselho Nacional de Ética em Pesquisa (CONEP), que normatiza as pesquisas com seres humanos. Os dados foram transcritos das fitas gravadas e, posteriormente, as respostas semelhantes foram agrupadas para análise de conteúdo. Não foi divulgada nenhuma informação que pudesse identificar os indivíduos arrolados.

Figura 6: Exemplo de informações que devem estar contidas na seção de Método de um Relato de Caso.

Redigindo a Seção de Relato do Caso

Neste momento chegamos ao ponto crucial de um RC: a descrição minuciosa do que efetivamente se está observando (ou foi observado) no indivíduo descrito. Inicialmente, toda e qualquer informação que ajude a caracterizá-lo deverá ser fornecida, como sexo, idade, etnia, dentre outras. Com relação ao seu estado clínico, dados relacionados a exames, bem como a avaliação inicial pelos diferentes profissionais deverão ser fornecidos. Em seguida, toda e qualquer intervenção realizada, seja administração de medicamentos, procedimentos curativos, transferências de setor, intervenções, além de intercorrências relacionadas à remissão, manutenção ou piora de sinais e sintomas, bem como do quadro clínico, deverão ser disponibilizadas. Nesta seção do trabalho não é permitido ter preguiça! Lembre-se que os RC são trabalhos muito importantes, já que serão lidos por outros profissionais que buscarão conhecer mais sobre a condição clínica que você elegeu como importante para descrever. Qualquer informação esquecida ou negligenciada poderá prejudicar o leitor do seu trabalho e, por que não, outros pacientes acometidos pelo fenômeno que você decidiu relatar. A Figura 7 traz um exemplo da caracterização de dois dos três pacientes acometidos pela ataxia espinocerebelar, descritos no RC utilizado para a confecção deste texto. Já a Figura 8 exemplifica como descrever parte dos procedimentos realizados em um paciente diagnosticado com Síndrome de Nutcracker.

Com a finalidade de preservar a identidade dos entrevistados, eles foram aqui apresentados como "Lua", "Estrela" e "Sol". Ressaltamos que suas falas foram transcritas na íntegra, exatamente como foram proferidas.

Lua tem 63 anos, sexo feminino, ensino fundamental incompleto, cinco filhos, sendo dois do sexo masculino, e três, do feminino, profissão do lar (pensionista), estado civil viúva. De seus filhos, dois desenvolveram a MJD/SCA3. Um dos filhos é falecido e o outro se encontra em tratamento.

Estrela tem 62 anos, sexo feminino, ensino fundamental incompleto, cinco filhos, dos quais, dois são homens, e três, mulheres, profissão costureira (aposentada por invalidez), estado civil separada. Até o momento, nenhum filho(a) manifestou características da doença.

Figura 7: Exemplo de caracterização de dois pacientes incluídos em um Relato de Casos de ataxia espinocerebelar.

RELATO DO CASO

Paciente do sexo masculino, 22 anos, branco, previamente hígido, com queixa de dor no baixo ventre, hematúria macroscópica e obstrução urinária, sem outros sintomas urinários. Negava sintomas associados ou pródomos. Referia associação eventual dos episódios com realização de esforço físico. Sem história familiar de hematúria. Exames complementares: função renal normal; EQU: proteínas: ++, glicose: +++, hemoglobina: +++, leucócitos: 4 p/c, hemáceas: 100 p/c, pH: 6,0; densidade: 1020, nitrito: negativo, estearase leucocitária: negativo, urocultura negativa. Ultrassonografia (US) do aparelho urinário: rins de contornos regulares, ecogenicidade e tamanhos habituais, à direita 12 x 7,7 x 7 cm e à esquerda 11,8 x 6,3 x 5,9 cm. Sem evidência de hidronefrose ou cálculo renal. Bexiga com debris (coágulos) sem evidência de lesão parietal. Provas de coagulação: normais. Pielografia retrógrada: mínimas irregularidades parietais em ureteres bilateralmente. Urografia excretora: normal. Cistoscopia: sangramento ureteral à esquerda. Biópsia de bexiga: cistite crônica com edema de submucosa, cultura de micobactéria na urina: negativa, reação de *Mantoux*: 0; biópsia renal: presença de 19 glomérulos, 17 normais, contendo hemáceas no interior da cápsula de Bowman em 2 deles e 2 globalmente esclerosados. Fibrose intersticial mínima focal. Audiometria normal.

Figura 7: Exemplo de como descrever os procedimentos realizados em um Relato de Caso de Síndrome de Nutcracker.

E as Conclusões ou Considerações Finais?

Vejam vocês, caros leitores, que este foi um capítulo bastante curto, se comparado, por exemplo, ao capítulo que descreve os Estudos Observacionais. Logo, é possível concluir que os RC também deverão ser trabalhos científicos curtos, possuindo de duas a três laudas, compactados, e que por sua vez deverão ir direto ao ponto mais importante: o que se pôde aprender de novo com o presente trabalho? Se não existir uma resposta convincente para essa pergunta, perdeu-se tempo na redação do Relato, o que por sua vez também diminui sobremaneira sua chance de publicação. Portanto, sendo chamada de "Conclusões" ou "Considerações Finais" (o rótulo da seção é o que menos importa), a última etapa do RC deverá enfatizar justamente o que de mais importante foi descoberto e, sempre que possível, fornecer uma aplicação prática para o referido achado. A Figura 8 descreve o que se pôde aprender de novo com a estudo dos casos de ataxia espinocerebelar, com foco nos sentimentos desses pacientes com relação à sua doença (o que ainda não havia sido descrito adequadamente na literatura até então disponível).

> ## Conclusões
>
> Os entrevistados têm ciência que portam uma doença hereditária; no entanto, não conseguem explicar seus mecanismos de progressão. Os sintomas apresentados são ataxia (alteração de equilíbrio), dismetria (dificuldade em realizar movimentos para alcançar um alvo) e alterações na coordenação motora. A gravidade de sua situação é percebida pelos participantes ao relatam os óbitos decorrentes da DMJ entre familiares. Diante desse mal, os voluntários não demonstraram aceitação, mas sim religiosidade. Tal anomalia provoca alterações em atividades da vida diária, levando-os à dependência de outras pessoas. A depressão foi um sintoma relatado pelos portadores. Os sentimentos em relação à doença se expressam de forma ambígua, parecendo ora revolta ora conformismo.

Figura 8: Conclusão de um RC realizado com base em entrevistas, destacando o que se pôde aprender sobre os sentimentos de portadores de ataxia espinocerebelar.

De forma geral é importante frisar que, para que se possa redigir um RC, é necessário dispor de um paciente com uma condição clínica nova ou rara, uma associação pouco descrita entre duas ou mais condições, ou ainda um desfecho incomum para uma doença conhecida. Não é possível por exemplo, descrever um caso de tuberculose, ou de deficiência de aprendizagem, visto que tais condições já são bastante conhecidas. Todavia, se a tuberculose estiver associada à deficiência na aprendizagem (perdoem pela utilização de um exemplo tão bizarro!), talvez mereça a descrição do caso, visto que não se conhece até o presente momento uma associação direta entre os dois fenômenos citados. Entenderam?

Sumarizando as partes mais importantes de um Relato de Caso

1 – Título: Deverá iniciar com o fenômeno raro ou novo a ser relatado, seguido da inscrição "Relato de Caso" ou "Estudo de Caso".

2 – Resumo: Deve ser iniciado com uma breve contextualização sobre o fenômeno (Introdução), seguido do Objetivo (relatar o caso), do Método (focar na forma de obtenção dos dados, se prontuários, entrevistas, observações, etc.), e da Conclusão (o que se pode aprender de novidade com o caso descrito).

3 – Introdução: Iniciar com uma breve contextualização sobre o fenômeno, e descrever os antecedentes familiares do caso (se estes estiverem disponíveis).

4 – Objetivo: Deve frisar que o intuito do trabalho é relatar um novo caso para contribuir com o conhecimento sobre o fenômeno até então pouco explorado.

5 – Método: Deve conter a classificação da pesquisa, o critério de inclusão do paciente, a data e local de realização do trabalho, o instrumento e/ou o método de coleta das informações, as variáveis observadas, e os preceitos éticos para realização de pesquisas envolvendo seres humanos.

6 – Relato do Caso: Deverá descrever todas as informações sobre o caso, desde sua admissão até a sua saída do Serviço, procedimentos realizados, evolução, dentre outros pormenores.

7 – Conclusão: Deve focar no que se pode aprender de novidade com a descrição do caso e, quando possível, sugerir novos trabalhos.

8 – Terminar o RC com a lista de referências utilizadas no trabalho.

Referências utilizadas neste Capítulo

CYRNE, Dayane Alves Brandão et al. Ataxia espinocerebelar (doença de Machado-Joseph): três relatos de caso. ConScientiae Saúde, v. 10, n. 2, p. 346-355, 2011.

DE ALMEIDA, Rafael et al. Síndrome de Nutcracker. Relato de caso. Rev Bras Clin Med, v. 8, n. 3, p. 283-5, 2010.

Referência Complementar

Assista como redigir um Estudo de Caso em:

https://www.youtube.com/watch?v=DgTHRF_jFHM

E AS REVISÕES DE LITERATURA?

Joao Victor Fornari, Renato Nogueira Ribeiro Ferraz, Roger de Lucca

Talvez você tenha aberto o livro diretamente neste capítulo, que tratará das revisões de Literatura. Muita gente faz isso porque acha que as revisões são a modalidade de artigo científico mais fáceis de se fazer. Consideram as revisões da Literatura como a modalidade "café com leite" da produção científica. Engano de quem pensa assim! Fazer uma Revisão da Literatura pode, muitas vezes, ser mais complicado do que fazer um Estudo Observacional simples. Aqui nem levaremos em consideração aquelas revisões "sem pé nem cabeça", normalmente feitas por alunos (e seus respectivos "orientadores") descompromissados com a comunidade científica, verdadeiros "copia e cola" da *internet*, na sua maioria puro plágio, e que não tem nenhuma serventia para quem as redigiu (a não ser conseguir um título acadêmico qualquer), para quem fingiu tê-las orientado, tão pouco para as Instituição de Ensino às quais esses indivíduos se vinculam.

É muito comum um aluno procurar orientadores para um trabalho científico dizendo que "gostaria de fazer uma Revisão sobre o tema X". Primeiramente, revisões sobre um tema X ou Y, normalmente, são conduzidas por pesquisadores que são verdadeiras sumidades nesses assuntos, e que são convidados por renomadas revistas científicas para que compilem os trabalhos mais importantes sobre o tema em um único artigo, evitando que os outros pesquisadores tenham de ler dezenas, as vezes centenas de trabalhos sobre o tema, já que precisarão, teoricamente, tomar por base apenas o trabalho de Revisão. Logo, nem o aluno, e muitas vezes nem o orientador, têm experiência suficiente para conduzirem esse tipo de trabalho e, neste caso, se persistirem no erro, produzirão um artigo sem qualquer serventia, e que apenas servirá para cumprir os trâmites burocráticos necessários à obtenção de um título acadêmico, mas que não possui a mínima chance de ser publicado. Seria como "jogar com o regulamento embaixo do braço", "fazer o mínimo", trabalhar no nível da mediocridade... Se você, mesmo depois de ter lido isso, continuar com essa ideia de produzir um artigo apenas para concluir seu curso, dispense esse livro e vá fazer outra coisa que lhe seja mais interessante. Vá ler o livro sobre os sei lá quantos tons de não sei o quê, vá ler aquela revista que mostra os ricos fazendo poses em lanchas alugadas, vá ler o que você quiser. Menos esta obra. Entre na *internet*, recorte e cole uns textos de qualquer jeito, e acenda vela de tudo que é cor para ver se dá certo. É fato que apenas "orientadores" sem compromisso vão aceitar "perder tempo" com um trabalho dessa categoria. Tente a sorte...

Se você continuou a leitura, entende-se que quer construir uma Revisão da Literatura que possa ser publicada pelo menos em uma revista de divulgação acadêmica, além é claro, de entregá-la como TCC, se este for o seu caso. Que bom que continuou! Vê-se que você é uma pessoa séria! É de gente assim que o nosso país está precisando!

Este capítulo está claramente escrito para dois públicos diferentes. Se você é um iniciante no mundo acadêmico, receberá informações bem diretas sobre como conduzir a sua Revisão, passando pela seleção do tema, criação da estratégia de busca, seleção dos artigos, leitura e compilação das informações. Agora, se você for um pesquisador um pouco mais experiente, encontrará informações um tanto quanto complexas que poderão servir para a redação de revisões de peso, e que inclusive poderão servir de base para a tomada de decisões, especialmente na área clínica. Não se preocupe que a parte direcionada tanto para um quanto para outro se encontra bem indicada neste capítulo.

Parte I
Revisões de Literatura para principiantes: começando pelo tema e título

A preparação da sua Revisão de Literatura se inicia com o mesmo discurso de sempre: escolha para revisar um tema vinculado ao seu curso de graduação ou pós-graduação, independentemente do nível. Se você faz um curso de especialização em psicopedagogia não poderá conduzir uma Revisão da Literatura sobre os métodos para estadiamento de uma lesão, que é um tema típico do curso de enfermagem. Simples assim. Outra dica é escolher um tema central que você realmente goste. É necessário ter amor pelo trabalho. Fazer por fazer será um desprazer tanto para você quanto para quem se dispuser a ser o seu orientador. E o pior de tudo: pode não agradar o avaliador do seu trabalho e, aí, a coisa pode complicar.

Em seguida, vale lembrar que você não vai revisar "um assunto". Para que sua Revisão se torne interessante, você deverá pensar em um tema que possa ser "comparado". Ou seja, você deverá comparar o método A com o método B ou C, seja para diagnóstico ou tratamento de uma condição clínica, para triagem de indivíduos, dentre outras situações. Dessa forma, o número de artigos a serem revisados deverá reduzir bastante e, além disso, você não precisará ficar utilizando critérios estapafúrdios para excluir artigos e diminuir o tamanho da sua Revisão. Efetivamente não é assim que se faz...

Após a escolha do que comparar, dentro da sua área de pesquisa, é necessário escolher um título para a sua Revisão. E, como de praxe, existe também uma equação muito simples que poderá ajudá-lo a delimitar o título da sua Revisão da Literatura, apresentada na Figura 1:

FENÔMENO + "REVISÃO DA LITERATURA" ou "REVISÃO SISTEMÁTICA" ou "SÍNTESE DE EVIDÊNCIAS"

Figura 1: Equação para delimitação do título de Revisões da Literatura

Repare que, de acordo com a equação, o título da Revisão deve começar imediatamente com o fenômeno central do trabalho, ou seja, o que efetivamente você vai comparar com o quê. Em seguida, coloque "dois pontos" e deixe claro para o leitor que o trabalho se trata de uma Revisão da Literatura. Usar o termo "síntese de evidências" chama a atenção do subconsciente do leitor, convidando-o a iniciar a leitura do seu trabalho, já que se espera que a sua Revisão, neste caso, seja capaz de fornecer uma diretriz clínica na sua Conclusão. Agora, veja abaixo dois exemplos simples de revisões de Literatura com síntese de evidências que deram certo, ou seja, que já foram publicadas (Figuras 2 e 3).

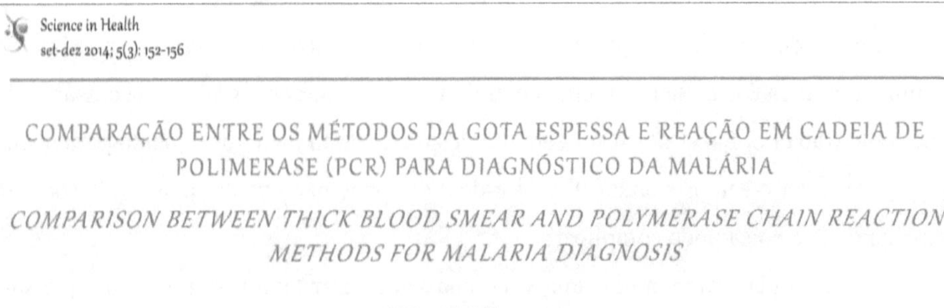

Figura 2: Exemplo de título de Revisão da Literatura.

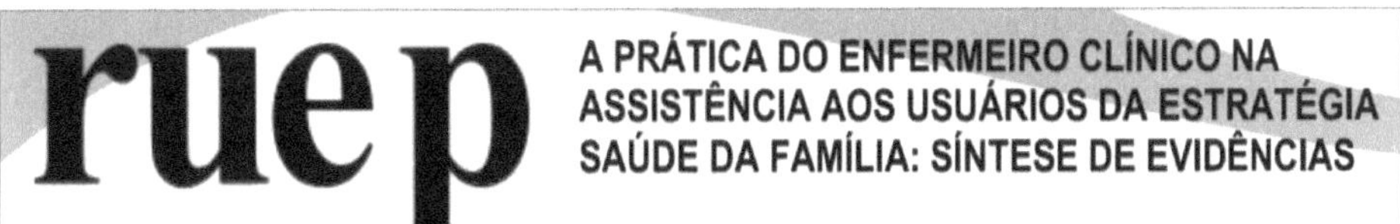

Figura 3: Exemplo de título de Revisão da Literatura.

O primeiro exemplo (Figura 2) apresenta um erro: ele não deixa claro no título que se trata de uma Revisão da Literatura. Isso pode levar o leitor a pensar que se trata de um trabalho de campo, experimental, e quando este descobrir que é uma Revisão poderá se sentir enganado. Hoje, valeria à pena incluir, depois da palavra malária, os "dois pontos" e a inscrição "síntese de evidências". De qualquer forma, ficou claro já no título que a intenção dessa Revisão é comparar o que a Literatura fala sobre dois métodos diferentes para diagnosticar malária. Para que? Para definir qual é o melhor e, a partir de então, sugerir que ele seja utilizado para o diagnóstico da doença. O segundo exemplo (Figura 3), embora não compare métodos, deixa claro que a intenção do trabalho é sintetizar as principais evidências disponíveis na Literatura sobre a prática clínica do enfermeiro em um tema específico da sua área de atuação.

Dessa forma, a sugestão é que o título da sua Revisão aproveite o que cada um dos exemplos tem de melhor: a escolha de um tema que possa ser comparado, e a clareza já no título de que o trabalho se trata de uma Revisão com síntese das principais evidências sobre um assunto de interesse. Detalhe: caso você realmente queira revisar a literatura sobre um tema, é necessário que o tema escolhido ainda não tenha sido revisado, ou mesmo que a revisão anterior já esteja ultrapassada, justificando então a realização de uma nova Revisão. Se o seu tema não se enquadra em nenhuma dessas categorias, ou você muda de tema, ou larga a revisão para lá e vai fazer outro tipo de trabalho acadêmico. E não seja teimoso!

Introdução das Revisões de Literatura

Os trabalhos de Revisão devem ir direto ao assunto que se propôs revisar. Dessa forma, as partes mais importantes do trabalho serão as seções de Revisão da Literatura e Síntese de Evidências. Todavia, como o próprio nome diz, a Introdução deverá fazer uma breve apresentação do tema, e efetivamente convencer o leitor sobre a importância da realização da referida compilação de trabalhos. Lembre-se que, se a sua Introdução não conseguir convencer o leitor de tal importância, ou você escreve melhor o texto introdutório, ou é melhor, mais uma vez, trocar de tema. Entenda que o final da Introdução continua sendo aquele famoso parágrafo de justificativa, onde o leitor do trabalho deve ser convencido de que a sua realização é interessante. As Figura 4A e 4B trazem alguns recortes da Introdução do artigo apresentado na Figura 1. Tais recortes permitirão realizar uma avaliação mais aprofundada sobre o que escrever na Introdução.

INTRODUÇÃO

A malária é uma parasitose transmitida pela picada do mosquito *Anopheles*, causada por protozoários intracelulares de cinco espécies: *Plasmodium vivax*, *P. falciparum*, *P. ovale*, *P. malariae* ou *P. Knowlesi*[1, 2].

Estima-se que cerca de 40% da população mundial vivam em áreas de risco de malária. Endêmica em mais de 100 países, estima-se que ocorram de 300 a 500 milhões de casos/ano, sendo a principal causa de mortalidade no mundo. Admite-se que um diagnóstico acurado poderia salvar cerca de 100.000 vidas anualmente[2, 3].

Figura 4A: Exemplo de Introdução de uma Revisão de Literatura.

Repare que a Introdução do trabalho tomado como exemplo, cujo intuito é avaliar o que a Literatura diz sobre dois métodos para detecção da malária, se inicia definindo de maneira bem sucinta o que é a malária. No segundo parágrafo comenta-se um pouco sobre a epidemiologia da doença. E chega de contextualizar! Este não é um trabalho sobre a malária e sim sobre os métodos de diagnóstico!

O método diagnóstico padrão para malária é o exame da gota espessa com coloração de Giemsa. Esse método apresenta sensibilidade considerável, porém a hemólise durante o preparo das lâminas dificulta a identificação adequada dos parasitos, que sofrem alteração da forma e podem levar a erros de identificação entre as espécies de *Plasmodium*[5]. Há questionamentos quanto à baixa sensibilidade da técnica em situações de reduzida parasitemia ou em infecções mistas. Desde a década de 1990, vários estudos têm ressaltado a aplicação da reação em cadeia de polimerase (*polymerase chain reaction* - PCR) no diagnóstico molecular da malária

Figura 4B: Exemplo de Introdução de uma Revisão de Literatura (continuação).

Quando você lê terceiro parágrafo, percebe que o assunto discutido é o fato de que o método A é utilizado comumente para diagnóstico da malária, mas que também existe o método B. Nesse momento, está sendo feita uma justificativa para comparação dos métodos visto que, independentemente dos valores, é necessário saber qual deles é o melhor. Esse ponto do trabalho pode ser considerado o que se chama de "problema de pesquisa", visto que se refere à inquietação que o trabalho se dispõe a resolver. Pronto! Sua Introdução está finalizada. Ela começou com uma breve contextualização, contou algumas características do fenômeno estudado, apresentou a dúvida que deverá ser esclarecida e justificou a importância da realização da Revisão.

Objetivo da Revisão de Literatura

Nada mais simples do que redigir o objetivo da sua Revisão! Observe a Figura 5:

OBJETIVO

Revisar a literatura acerca das técnicas de diagnóstico da malária, pelo método da gota espessa e PCR, comparando suas vantagens e aplicações.

Figura 5: Objetivo de uma Revisão de Literatura.

Comece com "Revisar a Literatura acerca...", continue citando o fenômeno que você pretende revisar (neste caso, "as duas técnicas para diagnóstico da malária...", e finalize com algo do tipo "para comparar suas vantagens e aplicações"). Simples assim! Não tem segredo. A Figura 6 mostra mais um exemplo simples de Objetivo de uma Revisão de Literatura.

OBJETIVO

Relatar a prática clínica do enfermeiro na assistência aos usuários da ESF por meio da realização de uma revisão sistemática da literatura com foco na síntese de evidências.

Figura 6: Objetivo de uma Revisão de Literatura.

Método da Revisão de Literatura

Você já deve saber que o Método é a seção de um trabalho científico que deve descrever efetivamente tudo que foi feito para se chegar aos resultados. É a "receita do bolo". E assim como demonstrado para as outras categorias de trabalhos, você deverá descrever aqui o passo-a-passo utilizado para realizar a sua Revisão. Isso é muito importante, já que todo trabalho científico deve ser passível de reprodução. A Figura 7 traz um exemplo de descrição de Método, mais especificamente da Revisão da Literatura sobre os métodos para detecção que malária que temos discutido nesse capítulo:

MÉTODO

Foi realizada uma revisão sistemática da literatura por meio da base de dados *Medline/Pubmed*, utilizando-se como descritores: malaria AND *Plasmodium species* AND *thick blood smear* AND PCR / *polymerase chain reaction* ou malaria AND *thick blood smear* AND PCR. Foram utilizados como filtros estudos realizados em humanos e publicados dentro do período de 2000 a 2013. Foram selecionados apenas aqueles de maior relevância e estudos que apresentaram dados comparativos dos resultados das técnicas de PCR e gota espessa.

Figura 7: Exemplo de Método de uma Revisão da Literatura.

Repare que, já no começo da seção, é dito que foi realizada uma Revisão. Em seguida, é necessário dizer quais foram as bases de dados escolhidas para procurar os trabalhos que se deseja revisar. Neste caso, foi escolhida a base de dados PUBMED, bastante conceituada na área de saúde. Mas lembre-se: quando você escolhe uma ou outra base, está assumindo que muitos artigos bons podem ter ficado de fora da sua Revisão, e isso é uma importante limitação. Sugere-se não realizar buscas diretamente em uma ou outra base de dados, mas sim, utilizar uma ferramenta de procura mais genérica, um buscador acadêmico, por exemplo, que contemple todas as bases existentes.

Depois de dizer a base (se é que esse critério de seleção foi utilizado), vem o mais importante: a sua estratégia de pesquisa, ou seja, quais foram as palavras-chave (descritores) utilizadas para a seleção dos artigos. Repare na Figura 7, que a estratégia utilizada foi "malaria AND Plasmodium species AND thick blood AND PCR / polimerase chain reaction", além de "malaria AND thick blood smear AND PCR". Para que você escolha a estratégia de pesquisa de maneira adequada, talvez seja necessário pedir a ajuda, pelo menos no começo, de um pesquisador mais experiente, visto que se você esquecer um descritor importante, ou mesmo não utilizar os operadores *booleanos* adequadamente (AND, OR, NOT), muitos artigos de destaque também poderão ficar fora da sua Revisão, diminuindo a qualidade do seu trabalho.

Uma dica para estabelecer uma boa estratégia de pesquisa é tentar criar uma "pirâmide invertida" com as palavras-chave escolhidas para sua busca. Nesse caso, é como se a próxima palavra-chave da sua sentença tivesse sido extraída da palavra-chave anterior. Por exemplo, se você é um estudioso da área de Saúde Pública, mais especificamente de um curso de Estratégia de Saúde da Família, e quer comparar os métodos de diagnóstico da sífilis, poderia utilizar "saúde pública" como primeiro descritor, seguido de "estratégia de saúde da família" (que faz parte da "saúde pública". Depois, utilizaria os termos "sífilis" (uma doença de interesse em Saúde Pública), "diagnóstico", e assim por diante. Caso você já conheça os métodos que deseja comparar, digite o termo mais apropriado para cada um ao final de sua sentença de busca. Dessa forma, sua estratégia de pesquisa ficaria mais ou menos assim: saúde pública AND estratégia de saúde da família AND sífilis AND diagnóstico AND método A OR método B NOT método C. O operador AND foi utilizado para demonstrar à ferramenta de busca que você deseja revisar apenas artigos que contemplem todos os descritores que por eles estão unidos. O operador OR demonstra à ferramenta que você aceita trabalhos que falam tanto do método A quanto do método B. Finalmente, o operador NOT especifica que você, por algum motivo, não quer revisar trabalhos que contemplem o método C.

Os critérios de inclusão de artigos são muito importantes, assim como os critérios de exclusão. No exemplo da Figura 7, como critérios de inclusão dos artigos era necessário que estes trouxessem os resultados de experimentos envolvendo seres humanos, além de terem sido publicados nos últimos três anos (considerando 2013 como a data de publicação da referida Revisão). Por fim os autores escolheram, como critério de exclusão, artigos que não apresentassem relevância, bem como aqueles que não comparassem os métodos destacados. Discutir relevância de um artigo é um tema complexo. Atualmente, existe a tendência de considerar relevantes: 1 – artigos publicados em revistas de alto impacto; 2 – artigos com elevado número de citações (ler atentamente o capítulo de Refinamento de Referencial Teórico). Mas, como essa parte do texto é para o pesquisador principiante, não se atente a esse detalhe, pelo menos agora. Haverá, se você continuar na carreira científica, o momento certo para que você seja bastante criterioso na escolha do que revisar. Por enquanto, relaxe!

Já na Figura 8, se encontra disposta a seção de Método de uma Revisão da Literatura um pouco mais apurada, que levou em consideração critérios de seleção mais complexos, muitos deles apresentados na segunda parte deste capítulo, que discorre sobre a Revisão de Literatura para pesquisadores mais experientes. Leia atentamente o texto presenta na Figura e, em seguida, volte-se aos comentários relacionados ao referido texto.

MÉTODO

Trata-se de um estudo de caráter exploratório, baseado no método de revisão da literatura com síntese de evidências. A delimitação do tema levou em consideração primeiramente o que se entendia por assistência do enfermeiro, em segundo plano quais atividades esta assistência compreendia, abordando especialmente a consulta de enfermagem, e por fim, a partir da assistência prestada durante a consulta de enfermagem, observou-se a sua prática nesta atividade. Após a delimitação, seguiu-se com a avaliação do problema de pesquisa e sua estratificação seguindo a estratégia PVO (População / Problema, Variável e Resultados / Outcomes) (FRAM; MARIN; BARBOSA, 2014), apresentada na Figura 1.

O problema de pesquisa foi sintetizado na linguagem de indexação documental a partir dos seguintes descritores, no idioma português, inglês e espanhol, identificados no indexador oficial DeCS (Descritores em Ciências da Saúde): assistência de enfermagem, nursing care, atención de enfermeria; estratégia saúde da família, family health strategy e estratégia de salud familiar. Estes descritores foram combinados utilizando o operador booleano AND: "assistência de enfermagem AND estratégia saúde da família", "nursing care AND family health strategy" e "atención de enfermeria AND estratégia de salud familiar". A busca foi realizada no mês de setembro de 2015 com a utilização de uma ferramenta computacional denominada, Publish or Perish (www.harzing.com), que se utiliza do buscador Google Acadêmico para vasculhar as bases de dados de acordo com a estratégia de pesquisa adotada, todavia verificando os coeficientes científicos dos artigos por meio da avaliação de seus fatores de impacto e índice h. Os critérios de inclusão foram artigos publicados no período de 2000 a 2015, e que identificassem a assistência clínica do enfermeiro na ESF. Foram excluídos materiais informativos, e-books parciais e artigos que não contemplassem a temática proposta pelo estudo. A categorização dos artigos encontrados ocorreu de maneira crescente a partir do índice h e fator de impacto, com ponto de corte acima de 34 citações. Os dados obtidos com esta categorização foram analisados para revisão da literatura e agrupados para síntese de evidências.

Figura 8: Exemplo de Método de uma Revisão da Literatura.

Na Figura 8 é possível verificar que, em uma Revisão um pouco mais sofisticada, normalmente se realiza de início a classificação do trabalho, que neste caso foi classificado como exploratório, muito comum no caso das Revisões de Literatura. Em seguida foi citada a estratégia para seleção dos descritores (utilizando o DecS, descrito na segunda parte deste capítulo), a data de realização da Revisão, além da ferramenta utilizada para seleção do material a ser revisado, que no referido caso foi o *Publish or Perish* (uma ferramenta computacional gratuita, descrita de maneira pormenorizada no capítulo de Refinamento de Referencial Teórico), que leva em consideração o número de citações recebidas por cada artigo. Para finalizar, encontram-se descritos os critérios de inclusão e exclusão de trabalhos, incluindo-se aí o valor de corte para o número de citações. Veja que, neste caso, não se escolheu uma ou outra base como fonte de trabalhos, mas sim, utilizou-se uma ferramenta criteriosa de busca que vasculha todas as fontes de informações.

Procure não limitar muito os critérios para escolha dos artigos. Se você se dispõe a avaliar somente artigos na íntegra e em português, entenda que sua Revisão contribuirá muito pouco no tocante a aumentar o nível de conhecimento em determinada área. Provavelmente você deve ser vinculado a uma Instituição de Ensino e, a maioria delas, assina revistas e bases de dados internacionais que lhe fornecerão material de qualidade e na íntegra. Informe-se na biblioteca. Se o seu inglês for macarrônico, existem ferramentas que poderão lhe ajudar (ou atrapalhar!) na compreensão dos textos. Muito cuidado com elas... Dessa forma, revise tanto artigos em inglês como em português, disponíveis na íntegra ou mesmo aqueles que você tenha acesso apenas ao resumo, e procure não delimitar uma data mínima ou máxima para os trabalhos. Se você pretende fazer uma revisão deverá contemplar desde o primeiro até o último trabalho publicado sobre o assunto.

Resultados de uma Revisão de Literatura

Não estranhe! É claro que as Revisões de Literatura têm seção de Resultados, assim como a maioria dos trabalhos científicos! E o que deve ser colocado nessa seção? Nela devem ser mencionados principalmente quantos artigos você encontrou com a ferramenta e a estratégia de pesquisa já descritas na seção anterior, quantos eliminou, e quantos efetivamente revisou, além de fornecer o motivo de eliminação dos artigos não revisados, se é que eles existem. Outra informação importante é a data de realização da revisão (busca pelos artigos). Essa data é muito importante, pois se alguém utilizar a mesma ferramenta, a mesma estratégia e as mesmas bases que você utilizou, poderá não encontrar o mesmo número de artigos, já que todos os dias novas obras são publicadas. As informações apresentadas neste parágrafo podem ser conferidas nas Figuras 9 e 10.

RESULTADOS

A revisão da literatura foi finalizada em 03 de outubro de 2013. Foram encontrados 14 artigos, dos quais apenas 7 foram selecionados. Os demais artigos não realizaram comparação entre as técnicas de PCR e gota espessa, ou envolviam comparações das técnicas, porém sem diferenciação da técnica da gota espessa com o esfregaço delgado[5, 7, 8, 9, 10, 11, 12].

Figura 9: Resultados de uma Revisão da Literatura.

RESULTADOS

O término da revisão de literatura ocorreu em 14 de setembro de 2015. Foram encontrados um total de 270 artigos com fator de impacto e índice h acima de 34 citações. Todavia, após a leitura cuidadosa dos resumos, apenas 6 artigos foram selecionados. As obras excluídas não atendiam adequadamente a temática dêste estudo (187), ou se encontravam disponíveis em formato de e-books parciais (79).

Figura 10: Resultados de uma Revisão da Literatura.

Reparem que, mesmo buscando estabelecer uma estratégia de busca refinada, muitas vezes as ferramentas de pesquisa poderão sugerir a revisão de trabalhos cujo tema venha a destoar da proposta inicial de revisão. Nesses casos, será necessário excluir esses artigos da revisão e, como demonstrado nas Figuras 9 e 10, explicar o porquê da exclusão.

A Revisão da Literatura (efetivamente!)

Agora é hora de você descrever os principais achados de cada um dos artigos que você revisou. Lembre-se que seria interessante poder ler os artigos na íntegra, de forma a permitir o real entendimento sobre o seu conteúdo. Todavia, incluir na sua Revisão um artigo que você leu apenas o Resumo é melhor do que não incluí-lo.

Em seguida, cada artigo selecionado deverá ser resumido em um único parágrafo (um parágrafo para cada artigo revisado) na seção de Revisão da Literatura da sua Revisão. Nesse Resumo, leve em consideração apenas o fenômeno que você se dispôs a avaliar, ou seja, como temos demonstrado na maior parte deste capítulo, é necessário focar nos "prós e contras de cada um dos métodos para diagnóstico da malária". Observe o exemplo disponível na Figura 11. Nele podemos visualizar o início do resumo de três artigos selecionados na Revisão que estamos exemplificando. Como dica, dê bastante atenção ao nome do autor, ao ano de publicação do trabalho (que juntos constituem a citação), às técnicas utilizadas, ao tipo e tamanho da amostra e, principalmente, à Conclusão deixada pelo autor, já que ela servirá para sintetizar as evidências ao final da sua Revisão.

> Carrasquilla *et al.*[15] (2000) realizaram um estudo epidemiológico utilizando um total de 833 amostras coletadas em 1994 na Colômbia. Todas as amostras foram analisadas por gota espessa, e 448 dessas por PCR. Na comparação das técnicas, das 448 amostras analisada por PCR e gota espessa, foram observadas 78 (19,6%) amostras negativas pela gota espessa, mas positivas ao PCR, das quais 74 forneceram fraco sinal de hibridização, refletindo uma baixa parasitemia. O estudo demonstrou uma menor sensibilidade da gota espessa (10,20%) em relação ao PCR, mas uma especificidade comparável, com 96,57%.

> Um estudo de prevalência analisou 100 amos-
> tras de pacientes que apresentavam sintomas as-
> sociados à malária pelas técnicas da gota espessa e
> PCR[17]. Na avaliação pelo método da gota espessa,
> verificou-se que 73 (n=100) dos pacientes apresen-
> taram infecção pelo *P. vivax*, 14 com *P. falciparum*,
> e 13 com ambas as espécies. Por outro lado, a aná-
> lise por PCR demonstrou que somente 5 amostras
> foram negativas, e 95 das amostras eram positivas
> para *P. vivax*. O método de PCR também apontou
> que todos os pacientes que apresentaram infecção
> por *P. falciparum* (n= 43) também estavam infecta-
> dos por *P. vivax*, portanto, 52 pacientes apresenta-
> vam infecção por *P. vivax* isoladamente.

Figura 11: Exemplo de uma seção de Revisão da Literatura de um trabalho de Revisão.

Mais uma vez, não tenha preguiça! Se a sua estratégia de busca tiver sido bem delimitada, você não terá uma quantidade muito grande de artigos para revisar. Sendo assim, leia cada uma das obras selecionadas com bastante atenção, e as descreva em parágrafos separados, conforme já indicado.

Finalizando a Revisão de Literatura: a seção de Síntese de Evidências

Chegamos ao final da sua Revisão. E, especialmente, podemos dizer que chegamos à parte mais importante do seu trabalho. A Síntese das Evidências é a seção do artigo de Revisão que as pessoas efetivamente querem ler. Muitos vão baixar o seu artigo, ler o título, e ir direto à Síntese de Evidências. Afinal, quem escreve uma Revisão da Literatura, conforme já comentado, quer poupar as pessoas de terem de ler um monte de trabalhos, fazendo-as confiar que ler o trabalho que você escreveu será suficiente. Sentiu o drama da sua responsabilidade?

Nessa seção você deverá fazer um uma síntese dos prós e dos contras relacionados ao fenômeno que você resolveu revisar. Deverá sintetizar as principais ideias em comum, e as ideias contrárias, dos autores que você revisou. Se você for um renomado pesquisador na área, também poderá emitir sua opinião sobre o assunto. Mas, se você for um aluno iniciante no meio científico, é prudente que não faça juízo de valor, ou seja, não emita opiniões sobre o tema revisado. Seja muito cuidadoso ao fazer a conclusão final do trabalho. A Figura 12 mostra a Síntese de Evidências do artigo sobre os métodos de detecção da malária:

> **Síntese de evidência**
>
> A literatura demonstra dados contraditórios quanto à sensibilidade do método de PCR em relação ao da gota espessa, porém demonstra que a especificidade é bastante comparável. Entretanto, ao se comparar a capacidade de ambos os métodos de diferenciação entre as espécies de *Plasmodium*, verifica-se que o PCR apresenta melhores resultados, apontando casos de co-infecção. Esse dado pode ser bastante relevante para a escolha da melhor estratégia terapêutica.

Figura 12: Síntese de Evidências de uma Revisão de Literatura.

A Figura 12 ressalta a falta de concordância entre a maioria dos trabalhos revisados quando o assunto é a sensibilidade do método para detecção da malária, embora defenda o método de PCR no quesito capacidade de diferenciação. E essa é a opinião do autor da Revisão? Não! Trata-se de uma síntese das principais evidências contidas em cada um dos trabalhos revisados. Já a Figura 13, que também sintetiza as evidências sobre o papel do enfermeiro na assistência à saúde, ressalta a importância da atuação do referido profissional, além de fornecer uma pequena conclusão sobre o tema.

> **SÍNTESE DE EVIDÊNCIAS**
>
> Com a análise dos estudos selecionados pode-se evidenciar que a assistência do enfermeiro inserido na ESF se faz de extrema importância, visto que este profissional tem a competência de abranger toda a esfera bio-psico-sócio-espiritual em que o usuário assistido se encontra, tornando-o participante ativo deste processo e garantindo uma assistência holística e integral. Apesar desta competência, verifica-se que o subsidio a este profissional se faz necessário para garantia de seu desenvolvimento científico e prático, e continuidade de uma assistência peculiar e efetiva centrada na pessoa, corroborando o fato de que o enfermeiro certifique também a efetividade de políticas públicas que atendam as reais necessidades dos usuários.
>
> Conclui-se que a assistência do enfermeiro proporciona o fortalecimento da ESF e assume um papel indissociável a este profissional, contribuindo muito para a promoção da saúde e qualidade de vida, prevenção de doenças e reabilitação dos usuários da ESF e do SUS.

Figura 12: Síntese de Evidências de uma Revisão de Literatura.

A primeira parte deste capítulo finaliza aqui. Até este ponto foi demonstrado o passo-a-passo de como produzir uma Revisão da Literatura simples, porém obedecendo os princípios metodológicos básicos, facilitando, em um futuro breve, a publicação do seu trabalho em uma revista de divulgação acadêmica. Daqui em diante, neste capítulo, temos um texto mais denso, com informações profundamente técnicas, que só devem ser lidas por pesquisadores mais experientes no assunto, e que tenham facilidade com ferramentas e estratégias de busca mais complexas. Vai se aventurar?

Sumarizando as partes mais importantes de uma Revisão da Literatura

1 – Título: Cite o fenômeno estudado (condição clínica nova ou rara) e deixe claro que o trabalho se trata de uma Revisão.

2 – Resumo: Comece com uma contextualização mínima na Introdução, diga que o Objetivo é revisar a Literatura, no Método descreva a ferramenta utilizada, a estratégia de busca e os critérios de inclusão, e na Conclusão deixe claras as evidências que o trabalho sintetizou.

3 – Introdução: Faça uma breve contextualização sobre o fenômeno estudado e forneça uma justificativa que sustente a importância de realizar a Revisão.

4 – Objetivo: Mais uma vez, deixe claro que seu trabalho se trata de uma revisão para melhorar o conhecimento sobre o fenômeno estudado.

5 – Método: Forneça a receita do bolo, classificando a pesquisa, indicando a ferramenta de busca, as bases vasculhadas, fornecendo a estratégia de pesquisa e os critérios de inclusão e exclusão.

6 – Resultados: Forneça a data de realização da revisão, o número de artigos encontrados, o número de artigos excluídos, e explique o porquê da exclusão.

7 – Revisão da Literatura: Faça um breve resumo de cada um dos trabalhos revisados, citando autor e ano de realização, e descrevendo o local, a amostra e o método empregados, bem como o resultado principal e a conclusão dos trabalhos.

8 – Síntese de Evidências: Enumere no que os trabalhos discordam e concordam. Com base nessas informações, procure relatar as vantagens e desvantagens dos fenômenos ou métodos comparados.

9 – Terminar a Revisão com a lista de referências utilizadas no trabalho.

Referências utilizadas na primeira parte deste capítulo

Hasegawa MY, Ferraz RRN, Leonardi MJ, Barnabé AS, Fonseca SUL, Caseiro AC, Evangelista AAALR, Arçari DP, Abrão L, Nunes Vitor, Fornari JV. Comparação entre os Métodos da gota espessa e reação em cadeia de polimerase (PCR) para Diagnóstico da Malária. Science in Health 2014; 5(3): 152-156.

de Campos, L. D.; Ferraz, R. R. N., et al. A prática do enfermeiro clínico na assistência aos usuários da estratégia saúde da família: síntese de evidências. UNILUS Ensino e Pesquisa, v. 12, n. 28, p. 86-90, 2015.

Referência Complementar

Assista como redigir uma Revisão da Literatura em:

https://www.youtube.com/watch?v=wiIdcXblpMs

Parte II

Revisões de Literatura para os mais experientes: buscando a melhor evidência para tomada de decisões na prática clínica

Essa parte do capítulo é direcionada, como dito, para pesquisadores mais experientes, que já estão acostumados a escrever artigos científicos, que já publicaram revisões mais simples, e que agora tem interesse em produzir um artigo de Revisão que seja impactante em suas áreas de *expertise*. A melhor maneira de consegui-lo é conduzir uma Revisão relacionada à busca das melhores evidências com relação a uma prática clínica qualquer, com destaque especial para trabalhos que testam métodos padrão-ouro contra novos métodos, dentre outras possibilidades.

Para continuar a leitura, você deverá conhecer os principais tipos de estudos epidemiológicos, ou mesmo ter lido atentamente o capítulo deste livro que fala sobre eles. Ainda, é necessário que conheça as principais bases de dados primárias e secundárias, e que seja familiarizado com a terminologia naturalmente utilizada para estabelecer estratégias de busca um pouco mais complexas. Se este não é o seu caso, retorne para a primeira parte desse capítulo e, quando for mais experiente, volta para cá. Talvez a leitura daqui em diante não seja tão prazerosa quanto pode ter sido até o momento. Ainda, as orientações dadas neste capítulo a partir deste ponto também não são tão minuciosamente explicadas como no começo do capítulo, ou mesmo como em outros capítulos. Enfim, você entendeu o recado. Agora, vamos começar a falar da importância das sínteses de evidências para a prática clínica.

A prática em busca da melhor evidência depende, como se sabe, da experiência do autor, mas depende também dos seus valores e preferências. O movimento de saúde baseado em evidências definiu como parte integrante da tomada de decisão, o processo pessoal de aquisição da melhor evidência científica disponível[1]. Este processo tem como princípio central a libertação do profissional por meio da aquisição de habilidades de busca crítica da informação científica, que apesar de torná-lo dependente dos artigos originais, determina a independência de ícones que arrogam deter o conhecimento. A melhor evidência obtida, e que deverá ser utilizada por qualquer profissional no seu dia a dia de trabalho, pode ser originada então a partir de um processo pessoal de aquisição, ou apenas do consumo de sínteses que outros autores tenham elaborado. Por exemplo, poderíamos descrever um indivíduo que apresenta um tipo de câncer, e sobre o qual paira a dúvida se seria melhor operar ou realizar tratamento medicamentoso. Qual seria a melhor escolha? Em um outro exemplo, suponha que você utiliza um determinando método para realização de um diagnóstico. Porém, acabou de surgir no mercado um novo método relatado pela mídia como sendo mais preciso do que o que você está acostumado a utilizar. Daí você se pergunta: qual eu devo adotar? Qual seria o padrão-ouro para escolha deste método?

Para a prática clínica baseada em evidências, entende-se que o fator tempo deve ser o principal elemento limitante para que o interessado não consiga participar diretamente da geração desse tipo de informação. Todavia, a aquisição da capacidade de criticar a evidência é indispensável, principalmente na avaliação da síntese dessas evidências, pois caso contrário, estaremos apenas trocando de dominador do conhecimento, de acrítico para crítico, e mantendo o princípio, combatido pelo movimento de saúde baseado em evidências, de tomada de decisão centrada na conclusão, sem considerar com discernimento a população e a intervenção estudadas, nem o benefício, o risco e o dano estimados.

A síntese da evidência disponível pode ser revestida de várias maneiras, na dependência, sobretudo, de sua aplicabilidade. Quanto mais próxima da sua prática diária, mais útil se torna a necessidade de elaborar um estudo que destaque a melhor evidência. E isso pode ser feito para apresentação do seu TCC, para envio de um trabalho para congresso, simpósio ou amostra de estudo. Sobretudo, o mais importante é que você tenha em mente que redigir uma Revisão da Literatura com base na síntese de evidências é uma coisa séria, visto que o seu trabalho servirá para esclarecer dúvidas de profissionais das mais diferentes áreas do conhecimento.

Como visto, é possível revisar a Literatura a fim de responder uma dúvida relacionada a uma situação clínica específica. Porém, você pode simplesmente rever toda a Literatura disponível sobre um tema qualquer, do tipo "copia e cola", mas seu artigo dificilmente será aplicável às situações reais do dia a dia, tão pouco estimulará o envolvimento dos profissionais em um processo pessoal de aquisição crítica de geração de evidências científicas, que traria impacto positivo na qualidade, por exemplo, dos cuidados dispensados aos pacientes.

Se você for um enfermeiro, pense em um curativo que você realiza há anos para um determinado tipo de ferida. Você sabe se atualmente este continua sendo o melhor tratamento disponível? Por meio de uma Revisão visando sintetizar as principais evidências sobre o tema, você saberá se o correto é manter ou não o curativo na sua rotina diária frente à ferida em questão. Se você for um fisioterapeuta, pense em uma manobra realizada diariamente em um paciente qualquer. Após frequentar um congresso onde um palestrante apresentou um novo método ou uma nova abordagem fisioterápica na realização deste tratamento, você ficou em dúvida se deverá ou não abandonar o que está acostumado a fazer. Sendo você um profissional apto a realizar uma busca baseada em evidências, ao término do seu levantamento você saberia dizer se deve manter o tratamento ou adotar o novo método proposto pelo palestrante. E os exemplos seriam infinitos não somente para a área de saúde, mas também para profissionais das áreas de Gerenciais e Educação, dentre outras.

A síntese de evidências pode ser útil na tomada de decisão individual, em ações de saúde pública, e na geração de diretrizes baseadas em evidências. Sua utilidade transcende a sua existência, apresenta um compromisso com o sistema de saúde e seus integrantes, e fornece sempre uma conclusão diferente da ausência de conclusão[1].

O processo de geração da síntese da evidência científica disponível, apropriadamente, é sustentado e denominado Revisão Sistemática da Literatura. A Revisão Sistemática pode ser definida como um método pré-determinado de obtenção e seleção da informação científica a ser considerada na geração da síntese da evidência. Difere-se de outras formas de rever a Literatura, pois além de ser método bem definido, mostra-se aberta às informações que muitas vezes contrariam a opinião dos autores de estudos prévios. O envolvimento de especialistas na elaboração de Revisões Sistemáticas se aproxima muito do conceito de saúde baseada em evidências, à medida que o conhecimento sobre a situação clínica que originou a dúvida permite ao revisor identificar criticamente variações nas populações estudadas, bem como nas intervenções consideradas e nos desfechos, diferindo de revisores "de bancada", que muitas vezes ao carecerem de conhecimento clínico, comprometem a consistência da Revisão. A Revisão Sistemática originada formalmente para apoiar as ações do grupo de saúde baseadas em evidências, segue a estrutura e sequência do passo a passo da prática clínica baseada em evidência[1], diferindo apenas na exposição detalhada de cada um desses momentos metodológicos, a fim de conferir transparência e possibilidade de reprodução de seu conteúdo final.

Quando os estudos selecionados são extremamente homogêneos em relação à população, intervenção e desfecho estudados, bem como em relação aos resultados, pode-se considerar o agrupamento dos diferentes resultados dos estudos a fim de se obter uma estimativa de benefício, risco ou dano global, constituindo o que se chama de meta-análise. Como exemplo, imagine que você gostaria de estudar qual é o melhor medicamento para o tratamento de uma determinada doença, estando disponíveis os medicamentos B, C e D. Porém, na sua busca você tem interesse em estudar os medicamentos B e C, e logo, quando se fala em homogeneidade de estudos, você deverá procurar pesquisas que só estudaram os medicamentos B e C, não devendo usar na sua Revisão sistemática estudos que compararam a droga B e D, ou C e D. O objetivo da Revisão não deve ser a meta-análise, pois de maneira compreensiva isto irá influenciar a seleção dos estudos a serem incluídos. Também não devemos considerar meta-análise como sinônimo de síntese de evidências. Há outras formas de expressarmos a síntese de evidências, como por meio da controvérsia, quando há resultados contraditórios entre os diversos estudos selecionados, ou por meio do não benefício, quando não há diferença de benefício entre tratar ou não tratar.

Antes de abordar os componentes principais da Revisão Sistemática, deve-se lembrar ainda, que as limitações próprias de cada grupo envolvido na aplicação do método devem ser reconhecidas e explicitadas claramente, e que na dependência desses limites inerentes o conteúdo pode ou não ser comprometido, o que também deve ser considerado criticamente.

Os elementos fundamentais para você estruturar um artigo de Revisão Sistemática de maneira eficaz são os seguintes: a dúvida clínica estruturada, a busca da evidência, a avaliação crítica, a extração dos resultados, e a síntese da evidência.

Dúvida Clínica

A questão clínica deve expressar o assunto de interesse, relacionado ao paciente ou aluno real, ou mesmo expressar a prática diária que leva a uma dúvida, do tipo "qual o melhor método?", ou "qual o melhor tratamento?", ou "quem tem o melhor prognóstico?". As questões podem ser de tratamento, diagnóstico, prognóstico, etiologia ou dano, para a mesma situação clínica.

Para que a dúvida seja devidamente organizada, podendo ser posteriormente convertida na estratégia de busca a ser utilizada na base de informação científica, esta deverá ser estruturada por meio dos seguintes componentes: P (Paciente ou População), I (Indicador ou Intervenção), C (Comparação ou Controle) e O (*Outcome*)[1]. Os componentes do PICO irão também determinar os critérios iniciais de inclusão relativos à população, à intervenção e à comparação, como também quais serão os desfechos considerados.

Ninguém tem o hábito de, ao ler um artigo, observar se o pesquisador ou autor deste estudo levou em conta o fato de comparar os dados estudados. Existe o costume de estudar somente um item de interesse, como por exemplo, "a importância do nutricionista na atuação da Estratégia de Saúde da Família (ESF)", embora poderíamos ter estudado a "atuação do nutricionista na ESF" em comparação com "a atuação do nutricionista em outra área dentro da atenção básica". Este é um exemplo típico de estudo mal elaborado, ou que posteriormente será excluído por meio da busca pela melhor evidência, uma vez que não se trata de um estudo comparativo e somente um estudo de análise pontual de uma determinada área.

O método de PICO vem sendo utilizado pela maioria das bases de dados quando se realiza uma pesquisa. Uma base de dados primária que utiliza a base PICO é a base americana PUBMED, disponível na Figura 1.

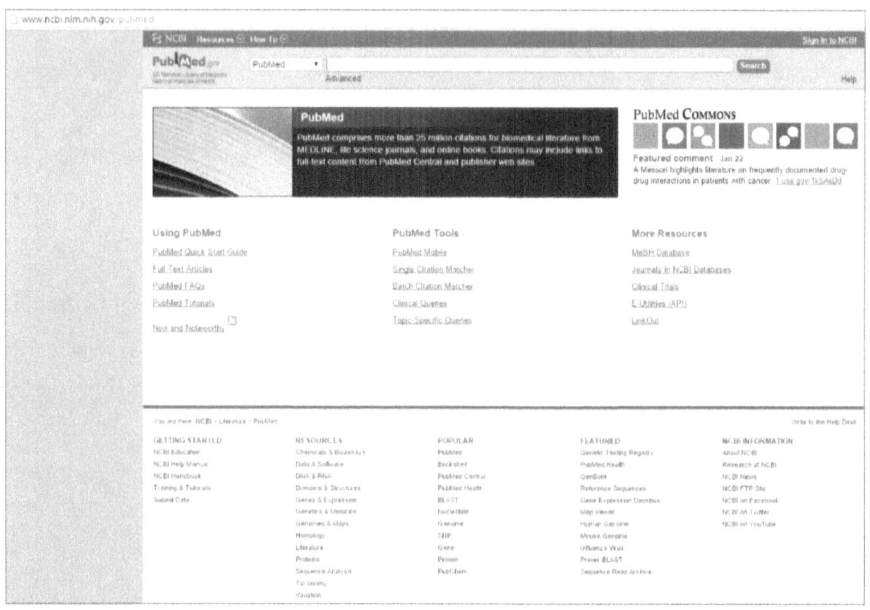

Figura 1: Tela inicial da base de dados americana PUBMED.

Fonte: http://www.ncbi.nlm.nih.gov/pubmed

É comum considerar a seleção de estudos comparativos como sendo menos importantes, mas se nos atentarmos para cada um desses elementos na base da Revisão, evitar-se-á a inclusão indevida de estudos cujas populações não são apropriadas. É o caso de uma Revisão avaliando pacientes com trauma raquimedular (*spinal cord injuries*) que incluiu na análise um estudo com pacientes de traumatismo em chicotada (*whiplash injuries*), cujo mecanismo de trauma e prognóstico são diferentes[2]. Deve-se considerar ainda que, para cada tipo de dúvida, espera-se recuperar um determinado desenho de estudo, definindo também outro critério de inclusão. Um erro muito comum na elaboração da Revisão Sistemática é comparar estudos do tipo coorte com estudos randomizados ou transversais (para maiores informações consultar o capítulo de Estudos Epidemiológicos).

Para que se possa compreender melhor a elaboração da questão clínica e sua subsequente estruturação, é possível utilizar exemplos de diagnóstico, terapêutica, prognóstico, etiologia e danos em uma mesma situação clínica na área de ginecologia, conforme demonstrado no Quadro 1.

Quadro 1 - Exemplos de perguntas estruturadas por meio do PICO

Dúvida diagnóstica: A USG transvaginal pré-operatória prediz o sucesso terapêutico da ressecção laparoscópica de tumores benignos anexiais?

P: Pacientes com tumor benigno anexial

I: USG transvaginal pré-operatória

C: Ressecção por Laparoscopia

O: Sucesso terapêutico

Dúvida terapêutica: Em pacientes com tumores anexiais grandes, a laparoscopia quando comparada à minilaparotomia vídeo assistida aumenta o risco de disseminação do conteúdo do cisto?

P: Pacientes com tumor anexial volumoso

I: Ressecção por Laparoscopia

C: Minilaparotomia vídeo assistida

O: Derramamento do conteúdo do cisto

Dúvida prognóstica: O tamanho do cisto, em endometriomas ressecados por laparoscopia, é fator de risco para recorrência tardia?

P: Pacientes com endometrioma

I: Tamanho do cisto

C: ----------------------

O: Recorrência

Dúvida etiológica: O tabagismo aumenta o risco de cisto funcional ovariano?

P: Pacientes com cisto funcional de ovário

I: Tabagismo

C: --------------

O: Risco

Lembre-se que a Revisão Sistemática será desencadeada para responder a essas questões, que são importantes e relevantes no momento, e não o contrário, onde as perguntas serão elaboradas atendendo à garantia de viabilizar a Revisão, perguntas que sabidamente podem ser respondidas por meio de ensaios clínicos randomizados. Sendo assim, tem-se a liberdade para responder dúvidas incluindo estudos de desenho apropriado para cada questão, conforme segue: Terapêutica: Ensaios Clínicos Randomizados; Diagnóstica: Estudos Transversais ou Coorte; Prognóstica: Estudos de Coorte; Etiológica: Estudos de Coorte históricos ou Caso-controle. Dessa forma, antes de elaborar a estratégia de busca a ser aplicada nas bases de informação científica (o próximo passo), já se conhece a expectativa quanto à melhor evidência científica (melhor desenho de estudo), e que deverá ser revisada para cada propósito.

A busca pela síntese das melhores evidências requer o domínio dos conceitos de base primária e secundária. Uma base de informação primária é uma fonte de informação científica original, disponível em nível virtual, e que devido ao uso de inteligência artificial, compreende uma linguagem de tradução da questão clínica, que é a estratégia de busca. Bases como PUBMED (http://www.ncbi.nlm.nih.gov/pubmed), apresentada na Figura 1, Scielo (http://www.scielo.org/php/index.php), Bireme (http://bvsalud.org/), Lilacs (http://lilacs.bvsalud.org/), dentre outras, são consideradas bases primárias de conhecimento.

Já uma base de informação secundária é uma fonte de informação que avalia, critica e sintetiza a informação científica original, devendo apenas ser consultada, opcionalmente, para confrontar os resultados encontrados após a conclusão da seleção dos estudos na base primária. Um exemplo de base secundária é a UpToDate (http://www.uptodate.com/pt/home), apresentada na Figura 2, além da Cochrane (http://brazil.cochrane.org/), Web of Science (http://thomsonreuters.com/en/products-services/scholarly-scientific-research/scholarly-search-and-discovery/web-of-science.html), National Library of Medicine (https://www.nlm.nih.gov/bsd/pmresources.html), dentre outras.

Figura 2: Base secundária UpToDate.

Fonte: http://www.uptodate.com/pt/home

Ainda, é necessário entender que a maior parte das informações se encontra centralizada em algumas bases principais. Dessa forma, deve-se iniciar a busca pelas bases que mais se aproximam da linguagem utilizada na questão clínica estabelecida: a base Medline-PubMed. Na sequência, é necessário complementar a busca acessando as bases EMBASE e Scielo - LILACS.

Opcionalmente, outras fontes de informação mais específicas podem ser acessadas de acordo com a situação clínica envolvida, ou em decorrência de um determinado desenho de estudo, como por exemplo, a base CINAHL (https://health.ebsco.com/products/the-cinahl-database) nas áreas de enfermagem, fisioterapia ou terapia ocupacional, a base CANCERLIT (https://www.nlm.nih.gov/pubs/techbull/ma03/ma03_nci.html), quando a questão se refere a pacientes com câncer, ou a Central Cochrane de Ensaios Clínicos (http://community.cochrane.org/editorial-and-publishing-policy-resource/cochrane-central-register-controlled-trials-central), quando o interesse é por Ensaios Clínicos, dentre uma série de outras opções.

Montando uma estratégia de busca na base PUBMED

A estratégia de busca na PUBMED depende de alguns cuidados, especialmente com relação ao fato de que ela deve expressar corretamente a dúvida clínica. Quando você busca algo que não sabe exatamente o que é, vai encontrar dificuldades para saber o que fazer com o resultado. Ainda, a busca deve possuir elevado grau de sensibilidade e especificidade. Quando não se utilizam os buscadores corretos, afastam-se os trabalhos da busca ao invés de trazê-los à tona. Por fim, a estratégia de pesquisa deve atender à categoria da questão, e utilizar filtros metodológicos adequados. Dentro da base PubMed permite-se utilizar vários caminhos, mas aqui foram destacados dois recursos principais: a busca a partir do MeSH Database (Figura 3) e do Clinical Queries (Figura 4).

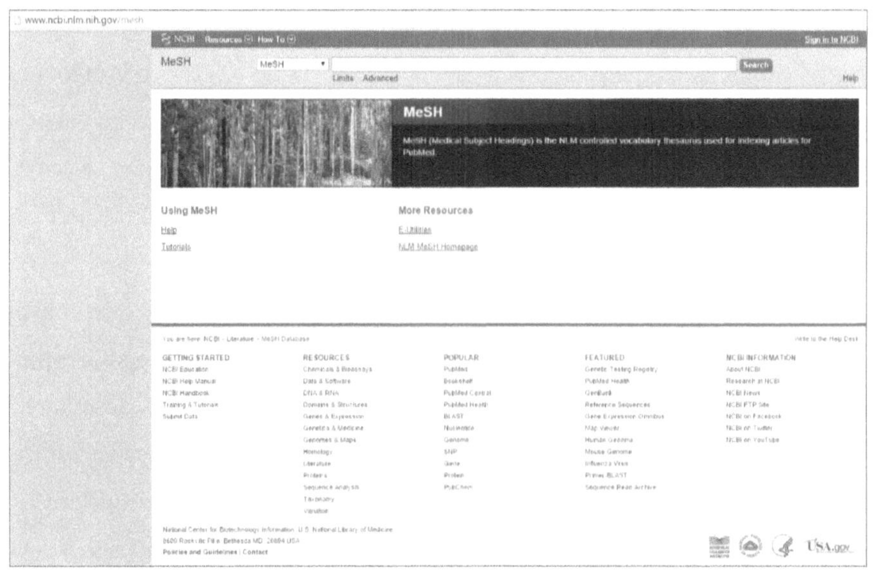

Figura 3: MeSH database dentro da base PUBMED.

Fonte: http://www.ncbi.nlm.nih.gov/mesh

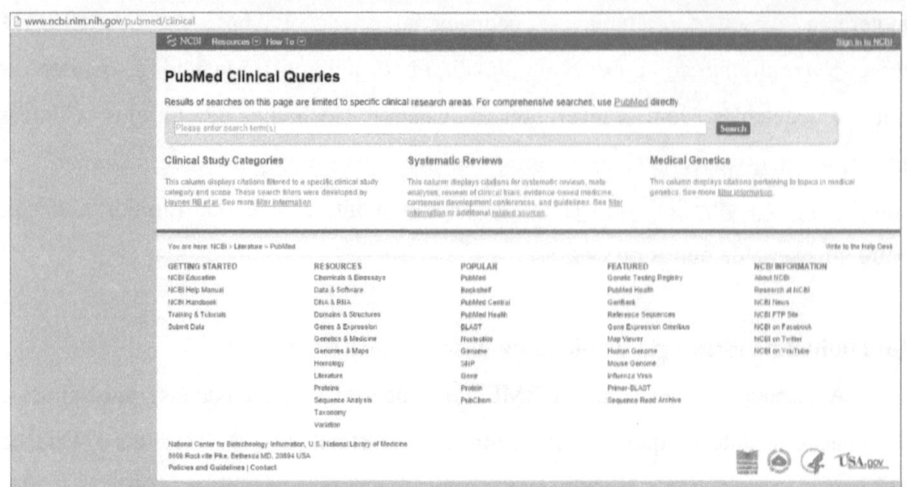

Figura 4: Clinical Queries também dentro da base do PUBMED.

Fonte: http://www.ncbi.nlm.nih.gov/pubmed/clinical

O MeSH é a base dentro da PUBMED que disponibiliza os descritores em saúde (Medical Subject Headings), que por sua vez são palavras inseridas junto a cada trabalho científico disponível, e que representam os componentes do PICO. Essas palavras-chave permitem localizar as publicações que respondem às questões clínicas específicas formuladas.

Ao localizarmos os descritores correspondentes à nossa questão estruturada, poderemos combiná-los utilizando as palavras OR, AND ou NOT, conferindo à busca sensibilidade e especificidade. O uso do OR seleciona trabalhos identificados com qualquer um dos descritores. Ao utilizar o AND, os trabalhos serão selecionados obrigatoriamente com a associação dos descritores em questão. Já a utilização do NOT exclui os descritores indesejados da busca

O Clinical Queries é um buscador interno da PUBMED que introduz filtros metodológicos apropriados para cada questão clínica dentro de uma categoria específica (diagnóstico, terapêutica, prognóstico ou etiologia). Após a seleção dos descritores que traduzem o PICO, combinando-os com AND, OR ou NOT, é possível utilizar a estratégia de busca no Clinical Queries. O trabalho inicial de identificação dos descritores apropriados é fundamental, e deve esgotar todas as possibilidades.

Algumas dicas podem ser úteis. Selecione trabalhos que você conhece sobre o tema e, na PUBMED, acesse o "Citation" dessas publicações a fim de conhecer os descritores utilizados pela base, utilizando-os agora na sua estratégia. Após recuperar alguns trabalhos que respondem à questão clínica, acesse também o "Citation", repetindo o processo de conhecimento dos descritores relacionados ao PICO. No MeSH Database, considere todas as opções fornecidas pela base ("Previous index" e "See also"), incluindo as palavras relacionadas aos descritores ("Entry terms"). Se houver "subheading" específico, associe ao descritor. A combinação dos diferentes descritores pode ser feita no próprio MeSH Database, ou no Histórico da PUBMED. Sempre que estabelecer a estratégia de busca, pode-se utilizar as palavras combinadas sem a especificação [MeSH] e, com isso, aumentar a sensibilidade. Após recuperar os trabalhos é necessário inserir os limites ("Limits") relacionados aos critérios de inclusão, que podem ser idade, sexo, ou o desenho de estudo apropriado.

De posse da estratégia elaborada deve-se executar a busca no "Clinical Queries", confrontando com os resultados obtidos anteriormente. Essa *interface* de busca introduz os filtros metodológicos que conferem sensibilidade ou especificidade balanceada de acordo com a categoria da questão. Exemplos de estratégias de busca encontram-se disponíveis na Figura 5 e no Quadro 2.

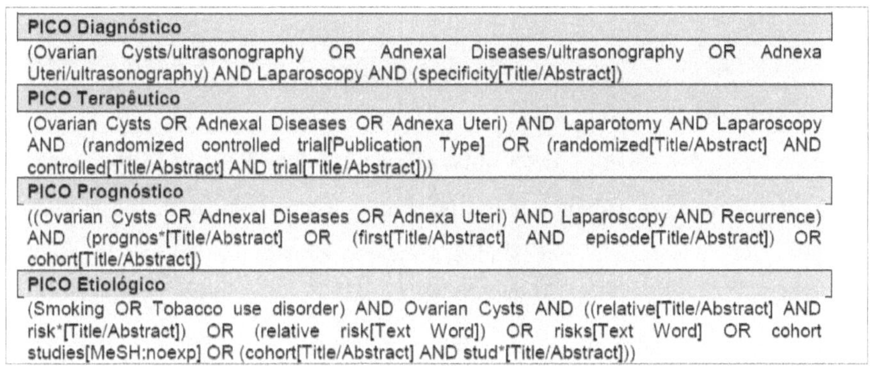

Figura 5: Estratégias de busca.

Quadro 2: Estratégias de busca.

PICO Diagnóstico (Ovarian Cysts/ultrasonography OR Adnexal Diseases/ultrasonography OR Adnexa Uteri/ultrasonography) AND Laparoscopy AND (specificity [Title/Abstract])

PICO Terapêutico (Ovarian Cysts OR Adnexal Diseases OR Adnexa Uteri) AND Laparotomy AND Laparoscopy AND (randomized controlled trial [Publication Type]

OR (randomized [Title/Abstract] AND controlled [Title/Abstract] AND trial [Title/Abstract]))

PICO Prognóstico ((Ovarian Cysts OR Adnexal Diseases OR Adnexa Uteri) AND Laparoscopy AND Recurrence) AND (prognos*[Title/Abstract] OR (first [Title/Abstract] AND episode [Title/Abstract]) OR cohort [Title/Abstract])

PICO Etiológico (Smoking OR Tobacco use disorder) AND Ovarian Cysts AND ((relative[Title/Abstract] AND risk*[Title/Abstract]) OR (relative risk[Text Word]) OR risks[Text Word] OR cohort studies[MeSH:noexp] OR (cohort[Title/Abstract] AND stud*[Title/Abstract]))

É possível ilustrar a estratégia inicial, obtida com as questões formuladas anteriormente, e estruturadas através do PICO, com esse passo-a-passo via "Clinical Queries", onde os filtros metodológicos estarão inseridos.

Nas bases EMBASE e Scielo - LILACS, os descritores selecionados e interligados pelas palavras OR, AND ou NOT, devem ser utilizados, complementando a busca. Após recuperar então um número determinado de trabalhos científicos, a próxima etapa será selecionar aqueles que potencialmente irão responder a dúvida clínica.

Seleção dos estudos

A seleção dos estudos determina a conclusão da Revisão Sistemática. Por exemplo, uma Revisão que avaliou o uso da mamografia na redução da mortalidade por câncer de mama, após análise de 8 estudos, selecionou 3 para a extração dos resultados, e contraindicou a mamografia para tal fim[3]. Após dois anos, em Revisão sobre o mesmo tema, os mesmos 8 estudos anteriores foram recuperados, e não foi encontrado motivo para a exclusão de nenhum, indicando a mamografia para redução da mortalidade[4]. Logo, a seleção dos estudos determina a conclusão da Revisão. Esta seleção pode ser dividida em duas partes principais, que são a leitura dos títulos e resumos, e a avaliação crítica dos textos completos.

Os critérios de inclusão definidos no PICO serão verificados, de forma parcial, por meio da leitura do título e do resumo dos trabalhos recuperados. Além disso, o desenho do estudo deverá atender aos filtros metodológicos previamente escolhidos. A relação resultante terá os textos completos acessados para dar continuidade ao processo de seleção. Já a avaliação crítica dos textos tem como objetivos: classificar a evidência segundo a força desta, ou seja, segundo o desenho de estudo da pesquisa; submeter a evidência a um avaliador crítico apropriado, a fim de incluir ou excluir os estudos de acordo com sua consistência; submeter a evidência à análise para se caracterizar a população estudada, a intervenção considerada, a comparação, os desfechos considerados e o método empregado;   acessar e extrair os resultados dos estudos consistentes.

Força da evidência

A Evidência será avaliada inicialmente segundo a classificação de Oxford[5], que estabelece a força da evidência a partir do desenho utilizado no estudo. Nessa etapa, se reforça a ideia de considerar a melhor evidência disponível para cada questão, não incluindo desenhos de força de evidência distintas na mesma Revisão. Sem dúvida, é necessário conhecimento sobre os desenhos e, para tal, você deverá ler com atenção o capítulo sobre Estudos Epidemiológicos. Aqui, entende-se ainda que as Revisões Sistemáticas, como já mencionado, podem versar sobre ensaios cínicos randomizados, estudos caso-controle, estudos coorte ou estudos transversais, uma vez que as questões só poderão ser respondidas por esse tipo de desenho. Considera-se então como melhor evidência científica, o melhor desenho disponível para cada situação clínica, e não apenas os ensaios clínicos randomizados, como muitos podem vir a pensar.

Para Ensaios Clínicos Randomizados (ECR), o avaliador utilizado é o escore JADAD[6], que varia de 0 a 5, e que seleciona, para a continuidade do processo crítico, os ECR com JADAD $\geq$ 3 (Figura 6).

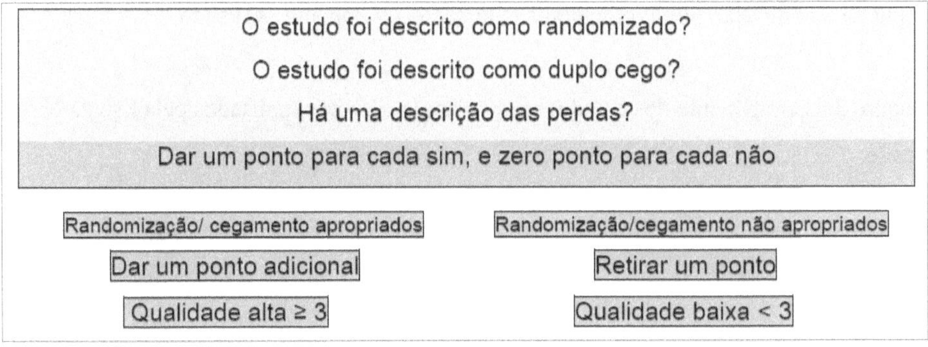

Figura 6: Escore de JADAD.

Através deste escore, é possível diferenciar estudos randomizados daqueles que se denominam de quase randomizados, permitindo que estes últimos sejam identificados e excluídos. Os estudos JADAD ≥ 3 serão selecionados para preenchimento de um *check list* que inclui: seleção dos pacientes (critérios de inclusão e exclusão); Randomização (descrição e alocação vendada); Protocolo de tratamento (intervenção, controle e cegamento); Desfechos considerados (principal, secundário e instrumento de mensuração); Seguimento (tempo, perdas e migração); Cálculo da amostra (diferenças estimadas, poder, nível de significância e total de pacientes); Pacientes (recrutados, randomizados e diferenças prognósticas); Análise (por intenção de tratamento, número na intervenção e no controle). Partes deste *check list* podem ser utilizadas para outros desenhos de estudo, que não o ensaio randomizado. Apesar do escore JADAD acima de 3, alguns componentes metodológicos ainda terão sua análise detalhada no *check list,* podendo determinar a exclusão do estudo. Por exemplo, perdas amostrais em número maior do que 20% determinam exclusão do estudo da análise. A ausência do número de pacientes analisados em cada grupo também impede a extração dos resultados.

Caso-controle e coorte

Para estudos observacionais como o coorte e o caso-controle, o instrumento de avaliação crítica utilizado é a Escala de avaliação NEWCASTLE - OTTAWA[7]. O processo de avaliação crítica com o uso dessa escala deve fornecer uma pontuação ≥ 6, de um total máximo de 9 pontos, para que o estudo seja incluído. Os componentes dos estudos caso-controle e coorte se diferenciam pela presença ou ausência do desfecho, bem como pela exposição e ausência de exposição que antecede o desfecho. O Quadro 3 explicita a pontuação possível máxima para cada componente analisado.

Quadro 3 - Componente dos estudos caso-controle e coorte analisados pela Escala New-Castle.

Componente analisado	Desenho de estudo	
	Caso - controle	Coorte
Seleção dos Pacientes (4 pontos)	Definição do caso	Representatividade dos expostos
	Representatividade do caso	Seleção dos não expostos
	Seleção do controle	Método de exposição
	Definição do controle	Ausência do desfecho
Comparabilidade (2 pontos)	Caso versus controle na base do desenho do estudo	Caso versus controle nas bases do desenho do estudo
Exposição (Caso-controle) Desfecho (Coorte) (3 pontos)	Método de exposição	Avaliação do desfecho
	Caso e controle expostos com igualdade	Seguimento longo para o desfecho
	Índice de não resposta semelhante	Seguimento completo

Transversais

Para avaliação crítica dos estudos transversais devemos inicialmente considerá-los em 3 fases distintas possíveis[1]: Fase I - Aplicados em populações supostamente sadias, para definição de valores de normalidade (capacidade técnica do teste); Fase II - Aplicados em populações sabidamente doentes e sadias, para cálculo de acurácia do teste; Fase III - Aplicados a populações com suspeita diagnóstica, comparando teste e padrão-ouro, para definição de probabilidade pós-teste.

Os estudos fase I devem ser excluídos. Os transversais fase II só devem compor a Revisão Sistemática na ausência de fase III. Prioritariamente então, os estudos transversais fase III serão analisados criticamente. Não há uma escala validada para avaliá-los, entretanto, 4 elementos básicos são fundamentais, e todos devem estar presentes: a população estudada, deve ter havido comparação cega e independente entre teste e padrão-ouro, o resultado do teste não deve influenciar a realização do padrão, e deve ocorrer validação prévia em população independente.

Os quatro elementos citados, como dito, são fundamentais na avaliação dos estudos a serem considerados na análise do resultado, permitindo que, com base no divisor de águas da consistência, sejam definidos dois universos distintos da pesquisa, os quais não devem ser agregados em hipótese alguma na mesma Revisão. Assim, consideram-se os seguintes parâmetros: 1 - para ensaios clínicos: JADAD > 3 e < 3; 2 - para estudos caso-controle ou coorte: New Castle > 6 e < 6; 3 – para estudos transversais: fase II e III. Estudos de força da evidência distinta sustentam seus resultados. Ignorar tal fato é ignorar o fundamento principal da pesquisa clínica. Com relação aos componentes do PICO a serem analisados no resultado, utilizando o *check list* é possível ainda identificar estudos que, devido às diferenças nesses componentes, deverão ser excluídos da Revisão, ou mesmo deverão ser analisados separadamente como subgrupos da população, intervenção, comparação ou desfecho. Então análise, como exemplos, cada um desses componentes por meio de partes do *check list*.

Análise da população

As populações consideradas devem caracterizar os pacientes de interesse em nossa questão clínica, e as características prognósticas nos estudos selecionados também devem ser semelhantes. Exemplo: Revisão comparando a angioplastia e a cirurgia de revascularização do miocárdio incluiu e analisou em conjunto os dados de estudos de pacientes uni arteriais e estudos de pacientes multi arteriais. Os pacientes multi arteriais têm pior prognóstico, quando comparados aos uni, o que produzirá desvios nas conclusões[8].

Análise da Intervenção e Comparação

As intervenções e comparações analisadas devem ser homogêneas na base de inclusão dos estudos, com doses, periodicidade, duração, técnica e tecnologia empregada, dentre outras, bastante semelhantes. Sua forma de aplicação nos pacientes também deve ser idêntica. Podemos e devemos considerar cada diferença em análise de subgrupos, se cabível, e se não, o estudo deverá ser excluído. Além disso, ensaios randomizados podem avaliar intervenções não disponíveis em nosso meio, que não fazem parte de nossas dúvidas. Exemplo: Revisão recomenda o uso de citrato e lactato de magnésio para redução do risco de câimbras no Pré-natal, cuja formulação não está disponível em nosso meio[9].

Análise do Desfecho

Aqui, por certo, temos o componente mais importante para determinar a inclusão ou não de um estudo em nossa análise. Há forte pressão da Literatura para considerarmos desfechos não clínicos, intermediários, anatômicos, histopatológicos, fisiológicos, obtidos por questionários construídos para identificar esses desfechos, ou por meio de instrumentos de mensuração variados ou sem aplicação clínica. Esses desfechos ("surrogate end points") não devem ser considerados, pois não estão centrados no paciente, mas nas artérias, nos tumores, ou nas substâncias, não traduzindo o desfecho clínico ao longo do tempo. Exemplo: Revisão sistemática comparando o uso de *stent* revestido e não revestido em pacientes submetidos à angioplastia, que apesar de não demonstrar redução no risco de morte ou eventos cardiovasculares, conclui a favor do *stent* revestido, por reduzir o número de estenoses ao longo do tempo[10]. Após o preenchimento do *check list* para cada estudo individual selecionado, têm-se nas mãos estudos consistentes e centrados no PICO, permitindo a extração dos resultados.

Extração dos resultados

Os resultados dos estudos, para análise, devem permitir que uma tabela 2x2 seja construída. Assim sendo, devem estar expressos em dados absolutos. Estudos terapêuticos, etiológicos e prognósticos permitem o cálculo dos riscos absolutos dos grupos de intervenção ou exposição, e dos grupos comparação ou não expostos, e estudos diagnósticos permitem o cálculo das razões de verossimilhança positiva e negativa, e da probabilidade pós-teste, a partir da sensibilidade e especificidade, todos com seus respectivos intervalos de confiança

Muitos estudos se expressam em *Odds Ratio,* Risco Relativo, ou média, mas não permitem o cálculo dos riscos absolutos. É sabido que existem vários desvios nessa forma de expressão, como um ensaio randomizado comparando vacinação para HPV e placebo na redução do risco de neoplasia intra-epitelial, onde no Quadro 4, a eficácia de 100% (redução do risco relativo), na verdade corresponde a 1% de redução do risco absoluto[11]. Os estudos que utilizam a média como medida devem definir um ponto de corte, que separa benefício de não benefício, ou mesmo do dano.

Quadro 4 - Principais medidas a serem extraídas e calculadas a partir dos estudos selecionados RRA - Redução do Risco Absoluto; ARA - Aumento do Risco Absoluto; NNT - Número Necessário para Tratar; NNH - Número Necessário para Dano; IC95% - Intervalo de confiança.

Categoria do estudo	Principais medidas a serem extraídas e calculadas				
Diagnóstico	Números absolutos do desfecho	Sensibilidade (IC95%)	Especificidade (IC95%)	Razão de Verossimilhança (IC95%)	
Terapêutico		Risco da Intervenção ou da Exposição	Risco do Controle ou dos Não expostos	RRA ou ARA (IC95%)	NNT ou NNH (IC95%)
Prognóstico					
Etiologia					

Combinados os efeitos, neste ponto observam-se estudos incluídos extremamente homogêneos, permitindo uma análise segundo os subgrupos do PICO. Todavia, vale considerar alguns aspectos importantes da opção de combina ou não os efeitos. Meta-análise: não é o objetivo da Revisão Sistemática, podendo ou não ser realizado. Pode se expressar com relação aos diferentes resultados dos estudos, sem calcular a média, por meio: da variação ou ausência do efeito, quando houver concordância da presença ou ausência de benefício ou dano entre eles; da incerteza do efeito, quando houver controvérsia entre os estudos. Se a opção for calcular a média ou efeito médio de todos os estudos, então antes é necessário considerar alguns pontos fundamentais: o resultado da meta-análise é muitas vezes contrariado pelo resultado posterior de grandes Ensaios Randomizados; a combinação de pequenos ensaios clínicos em uma meta-análise pode produzir resultados mais favoráveis do que aqueles obtidos em grandes Ensaios Randomizados[12]; a meta-análise pode estimular o conceito de intervenções ou desfechos combinados, potencializando os desvios presentes nesse princípio; a meta-análise será submetida a teste avaliando a heterogeneidade entre os estudos, que comparativamente, é como se as características prognósticas entre os grupos comparados não fossem consideradas na base do estudo, e na análise dos resultados através de recursos estatísticos de ajuste, a combinação fosse garantida; a análise de sensibilidade que tenta explicar a heterogeneidade pode determinar a eliminação de estudos que foram considerados como incluídos, simplesmente porque comprometem os resultados da combinação dos efeitos; a heterogeneidade entre os estudos, explicada ou não, compromete a combinação dos efeitos.

Uma simples média aritmética dos efeitos pode produzir certo nível de engano, principalmente porque o peso (amostra e tamanho do efeito) de cada estudo não é considerado. Para combinar os efeitos é necessário definir qual o processo (método estatístico) de cálculo do peso das médias: modelo de efeitos fixos ou randômicos[12]. A diferença entre os dois está em como cada um trata as variações dos resultados entre os estudos. No modelo de efeito fixo, considera-se que a variação é por chance, e se todos os estudos fossem grandes, eles forneceriam os mesmos resultados. No modelo randômico, considera-se que a variação depende de um efeito diferente, inerente a cada estudo, e que o ponto central (efeito médio) dessa distribuição é o foco da estimativa do efeito combinado. Em ambos os modelos, o efeito combinado só será diferente se os estudos forem heterogêneos. O teste de heterogeneidade visa identificar genuínas diferenças entre os resultados, que podem depender, por exemplo, de doses, tempo de seguimento, qualidade do estudo e critérios de inclusão (onde deverá ser aplicada análise de sensibilidade). Há dois tipos principais de teste[13]: Teste Cochran's Q - expresso em "p" significativo (heterogêneo); Teste I2 - varia de 0 a 100% de heterogeneidade. Há vários motivos para inconsistência nos resultados da meta-análise: Viés de seleção - relacionado à escolha da publicação, que pode se limitar à língua inglesa, à citação, ou à publicação múltipla; Heterogeneidade verdadeira - relacionada ao tamanho do efeito, ao tamanho do estudo, à intensidade da intervenção, ou ao risco de base; Irregularidade nos dados - desenho de estudo pobre em pequenos ensaios, análise inadequada, fraude; Artificial - depende da escolha da medida de efeito, ou do modelo estatístico escolhido.

Na presença de heterogeneidade, é necessário identificar os motivos pela variabilidade de efeito. Quanto mais se cuidar previamente da inclusão dos estudos, mais homogênea será a combinação dos efeitos. Para entender a fonte da heterogeneidade é necessário aplicar análise de sensibilidade, na qual realiza-se a análise com e sem a eliminação, por exemplo, dos estudos onde a interrupção deles foi precoce, ou de acordo com o tamanho dos estudos, ou mesmo levando em consideração o modelo estatístico aplicado (fixo ou randômico). Há outro componente na heterogeneidade, o viés de publicação, que avalia a tendência de submeter e aceitar estudos com resultados estatisticamente significantes (positivos), que pode ser expresso por meio do "funnel plot"[14]. A aplicação da meta-análise deve ser executada em *softwares* que geram as expressões gráficas automaticamente. São alguns exemplos o STATA (www.stata.com), COMPREHENSIVE META-ANALYSIS (www.metaanalysis.com), e META WIN (www.metawinsoft.com), dentre outros.

Síntese da Evidência

As medidas de efeito a serem utilizadas na expressão do resultado, combinadas ou não, devem seguir o mesmo princípio da extração do resultado, a saber, a redução do risco absoluto e NNT (para estudos terapêuticos, prognósticos ou etiológicos), e a razão de verossimilhança negativa ou positiva, com a probabilidade pós-teste resultante (para estudos diagnósticos). Finalmente, como concluir a Revisão sistemática? Lembrando que o motivo pelo qual se iniciou a Revisão foi de auxiliar o profissional na tomada de decisão frente a um paciente individual. Ela é concluída sempre estimando um benefício ou ausência de benefício, ou dano, originado na fidelidade dos efeitos analisados, combinados ou não. Nunca finalize uma Revisão com a frase: "Nenhuma recomendação pode ser feita".

Referências utilizadas na segunda parte deste capítulo

1. Bernardo WM. Prática Clínica Baseada em Evidência. Rio de Janeiro: Elsevier, 2006.

2. Bracken MB. Steroids for acute spinal cord injury (Cochrane Review). In: The Cochrane Library, Issue 4, 2007. Oxford: Update Software.

3. Gøtzsche PC, Olsen O. Is screening for breast cancer with mammography justifiable? Lancet 2000; 355: 129-34.

4. Humphrey LL, Helfand M, Chan BK, Woolf SH. Breast cancer screening: a summary of the evidence for the U.S. Preventive Services Task Force. Ann Intern Med 2002; 137: 347-60.

5. Levels of Evidence and Grades of Recommendations - Oxford Centre for Evidence-Based Medicine. Disponível em URL: http://cebm.jr2.ox.ac.uk/docs/old_levels.html.

6. Jadad AR, Moore RA, Carroll D, Jenkinson C, Reynolds DJ, Gavaghan DJ, et al. Assessing the quality of reports of randomized clinical trials: is blinding necessary? Control Clin Trials 1996; 17: 1-12.

7. The Newcastle-Ottawa Scale (NOS) for Assessing the Quality of Nonrandomized Studies in Meta-Analysis. Disponível em: http.www.iri.ca.

8. Bainbridge D, Cheng D, Martin J, Novick R; Evidence-based Perioperative Clinical Outcomes Research (EPiCOR) Group. Does off-pump 22 or minimally invasive coronary artery bypass reduce mortality, morbidity, and resource utilization when compared with percutaneous coronary intervention? A meta-analysis of randomized trials. J Thorac Cardiovasc Surg 2007; 133: 623-31.

9. Young G, Jewell D. Interventions for leg cramps in pregnancy (Cochrane Review). In: The Cochrane Library, Issue 1. Oxford: Update Software; 2006.

10. Gurm HS, Boyden T, Welch KB. Comparative safety and efficacy of a sirolimus-eluting versus paclitaxel-eluting stent: a meta-analysis. Am Heart J 2008; 155: 630-9.

11. Mao C, Koutsky LA, Ault KA, Wheeler CM, Brown DR, Wiley DJ, et al. Efficacy of human papillomavirus-16 vaccine to prevent cervical intraepithelial neoplasia: a randomized controlled trial. Obstet Gynecol 2006; 107: 18-27.

12. Egger M, Davey Smith G, Schneider M, Minder C. Bias in meta-analysis detected by a simple, graphical test. BMJ 1997; 315: 629-34.

13. Higgins JP, Thompson SG, Deeks JJ, Altman DG. Measuring inconsistency in meta-analyses. BMJ 2003; 327: 557-60.

14. Lau J, Ioannidis JP, Schmid CH. Quantitative synthesis in systematic reviews. Ann Intern Med 1997; 127: 820 – 6

COMO REDIGIR UM ESTUDO OBSERVACIONAL?

Renato Ribeiro Nogueira Ferraz, João Victor Fornari, Anderson Sena Barnabé, Renan Antônio da Silva

Entenda por um estudo de caráter observacional aquele onde você apenas observará (e anotará) as características dos indivíduos que constituem a amostra do seu trabalho, sem realizar qualquer tipo de interferência nos fenômenos com os quais estes participantes possam estar envolvidos. Existem vários tipos de estudos observacionais, como as coortes e os estudos de caso-controle, descritos de maneira mais aprofundada no capítulo de Estudos Epidemiológicos. Neste capítulo levaremos em consideração um dos tipos mais simples de estudos observacionais: os Estudos Transversais. Por sua vez, este tipo de estudo se dispõe a identificar em uma amostra populacional, na maioria das vezes escolhida por conveniência, e em apenas um momento de observação, quantos indivíduos podem ser considerados positivos para um fenômeno de interesse.

Quando você se dispõe a realizar um estudo observacional de corte transversal, por meio de coletas de dados feitas de maneira razoavelmente simples, você conseguirá, em alguns casos, transformar informações empíricas (que você vê, ou sempre soube que existiam, mas que nunca foram relatadas oficialmente), muitas vezes presentes no seu cotidiano, em dados científicos que poderão contribuir sobremaneira para a implementação de melhorias em inúmeros processos, que por sua vez poderão beneficiar muitas pessoas. É muito comum nos depararmos com alunos que melhoraram técnicas, que identificaram elevado número de indivíduos afetados por uma doença qualquer em uma determinada região, que observaram a associação de um acometimento qualquer com um fenômeno específico que ocorre em uma área geográfica, que desenvolveram estratégias para reduzir o número de indivíduos acometidos por determinada enfermidade, mas que guardaram para si a experiência vivida, privando outras pessoas de usufruírem do benefício desenvolvido. Mesmo trabalhos científicos que apenas quantificam a ocorrência de determinado problema ou fenômeno podem servir de base para a criação de campanhas, por exemplo, de importância em Saúde Pública, ou mesmo que possam contribuir para a implementação de melhorias em empresas de diversos ramos. Outro ponto importante que fala em prol da realização de trabalhos observacionais é que, embora o processo inicial de submissão e aprovação do projeto tome um pouquinho de tempo (quando este envolver seres humanos, já que deve ser avaliado por um Comitê de Ética em Pesquisa), tabular, avaliar e discutir os dados desta modalidade de trabalho científico se mostra uma tarefa muito mais tranquila e prazerosa do que pode parecer! Dúvida? Então vamos começar?

Delimitação do tema e escolha do título

Se você é um aluno de graduação ou de qualquer modalidade de pós-graduação, o tema do seu estudo observacional deverá apresentar relação com o curso no qual você está matriculado. Por exemplo, se você cursa uma especialização em Saúde Pública, não lhe será permitido realizar um trabalho cujo foco central seja um procedimento dermatológico específico para o estadiamento de determinado tipo lesão de pele. Todavia, você poderá conduzir um trabalho sobre a frequência de casos da referida lesão em uma região geográfica específica e sob determinadas condições ambientais. Você também não deverá conduzir um trabalho que avalie a composição da merenda escolar, mas poderá identificar os casos de desnutrição entre as crianças submetidas à dieta em questão, numa área pré-definida. Se você é um aluno de Mestrado na área de Ciências Sociais Aplicadas, não poderá apresentar como requisito para obtenção do título de Mestre um artigo científico discutindo em amplo espectro um tema de relevância apenas na área de Humanas, e assim por diante.

O processo de delimitação do tema e, consequentemente, da definição do título do trabalho, é uma tarefa muito importante. Títulos mal definidos ou incompatíveis com a proposta do trabalho correspondem à falta grave que pode ser punida com reprovação ou devolução do artigo, atrasando em meses a vida de quem o redigiu. Sobretudo, é importante ressaltar que o título inicial não é imutável, e pode ser alterado de acordo com necessidades que poderão surgir ao longo do desenvolvimento da pesquisa.

Em estudos observacionais simples, que se dispõem a descrever determinado fenômeno e, em alguns casos, buscam identificar relações entre os fatos observados, os títulos devem dizer exatamente: 1 - qual é o objetivo do estudo; 2 – qual é o fenômeno estudado; 3 – quem constitui a amostra populacional da pesquisa; 4 – o local onde o mesmo foi realizado.

A maior parte destes trabalhos apresenta como objetivo central identificar a frequência de um fenômeno já instalado como, por exemplo, quantos indivíduos se encontram no presente momento acometidos por uma doença qualquer (neste caso, identifica-se a prevalência da doença), ou mesmo verificar em um grupo de indivíduos que serão observados por determinado período aqueles que porventura desenvolverão a doença em questão (já neste caso, avalia-se a incidência da referida doença). Outros objetivos podem ser, por exemplo, quantificar, avaliar, identificar, observar, relatar, dentre outros.

Em seguida, o autor de um estudo observacional deverá destacar, já no título, qual será o fenômeno central a ser estudado no decorrer da experimentação. Este fenômeno pode ser, por exemplo, uma doença, um sintoma, um sinal, fatores de risco, um diagnóstico ou o prognóstico específico, dentre outros.

Assim como o que se pretende efetivamente fazer (o objetivo do trabalho), e com o fenômeno estudo, outra importante informação que deve estar contida já no título de um estudo observacional, como dito, é o grupo específico de indivíduos que serão observados (dá-se a esse grupo de indivíduos o nome de amostra populacional). O título do trabalho deverá dizer se são pacientes de ambulatório, pacientes internados em uma Unidade de Terapia Intensiva, trabalhadores da construção civil, alunos da rede pública de ensino, atendentes de *telemarketing*, *stakeholders* (partes interessadas que devem estar de acordo com as práticas de governança corporativa executadas pela empresa), dentre outros grupos que, mais tarde, constituirão a sua amostra.

Para finalizar a delimitação do seu título, você deverá dar a entender onde será o local onde o estudo será realizado, que provavelmente é o local de onde sua amostra populacional é proveniente. Neste caso, poderá ser uma Unidade Básica de Saúde, um hospital público ou particular, um canteiro de construção, uma unidade escolar, uma empresa do ramo de teleatendimento, uma empresa do ramo de metalurgia, e assim por diante. Vamos aos exemplos?

A Figura 1 mostra o título de um artigo científico onde: 1 - o objetivo central foi identificar e quantificar o número de casos que viriam a acontecer a partir de um ponto de início do seguimento (incidência); 2 - do fenômeno insuficiência renal aguda; 3 - em uma amostra constituída por neonatos, que por sua vez viriam a ser internados em uma unidade de terapia intensiva; 4 - de um hospital localizado na cidade de São Paulo - SP. Vejam que este título é bastante completo, apresentando os quatro pontos citados anteriormente.

Incidência de insuficiência renal aguda na Unidade de Terapia Intensiva Neonatal de um hospital paulista

Incidence of acute renal failure in the Neonatal Intensive Care Unit of a Hospital in São Paulo

Incidencia de insuficiencia renal crónica aguda en la Unidad de Cuidados Intensivos Neonatal de un hospital de Sao Paulo

Renato Ribeiro Nogueira Ferraz[1], Rogério Barbosa de Deus[2]

Figura 1 – Exemplo de título delimitado, apresentando os quatro pontos essenciais.

O título apresentado na Figura 2 deixa claro que: 1 - o propósito do referido trabalho foi de quantificar o número de casos já existentes (prevalência); 2 - de uma doença específica (litíase urinária, ou pedras nos rins); 3 - em uma amostra populacional definida (atendentes de *telemarketing*). Neste trabalho, suprimiu-se a apresentação do local de realização a pedido da empresa avaliada, sendo esta a única informação que porventura poderá não aparecer. Já o título apresentado na Figura 3, expõe claramente que o trabalho proposto: 1 - tem o intuito de quantificar um determinado tipo de atendimento (no caso as consultas de enfermagem); 2 - em um local muito bem definido (uma única unidade de saúde da família da cidade de Atibaia). Neste estudo, o objetivo de "quantificar" encontra-se subentendido, assim como a amostra populacional estudada, constituída por todo e qualquer paciente (sem distinção) atendido nas referidas consultas.

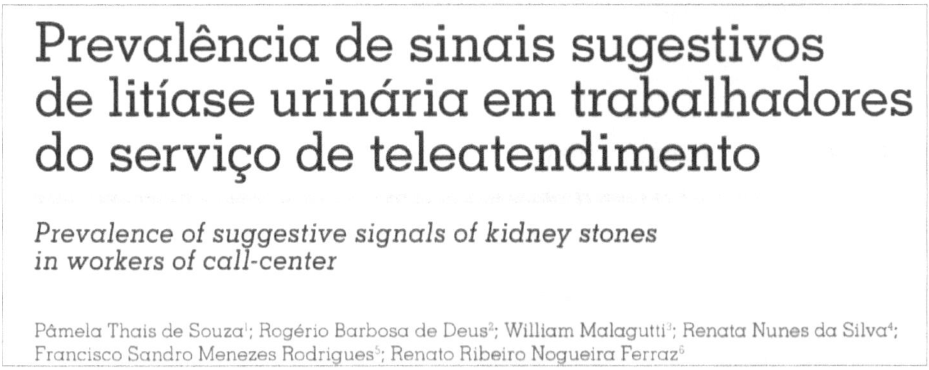

Prevalência de sinais sugestivos
de litíase urinária em trabalhadores
do serviço de teleatendimento

*Prevalence of suggestive signals of kidney stones
in workers of call-center*

Pâmela Thais de Souza[1]; Rogério Barbosa de Deus[2]; William Malagutti[3]; Renata Nunes da Silva[4];
Francisco Sandro Menezes Rodrigues[5]; Renato Ribeiro Nogueira Ferraz[6]

Figura 2 – Exemplo de título delimitado com a supressão do local de realização.

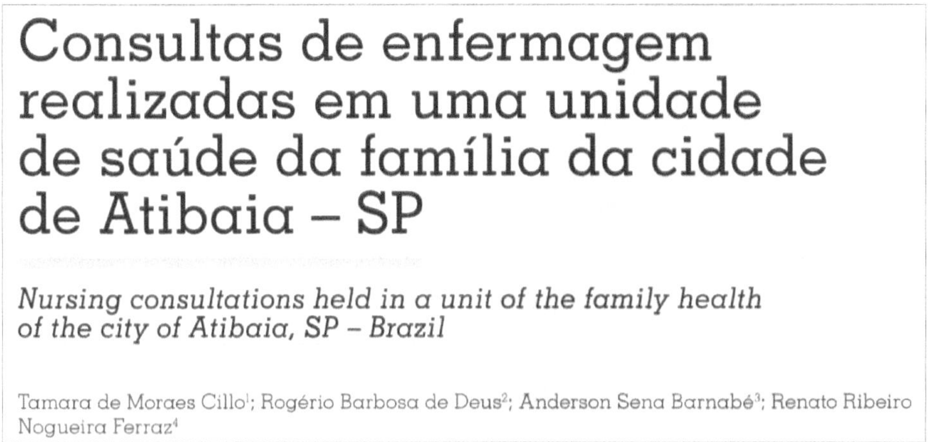

Consultas de enfermagem realizadas em uma unidade de saúde da família da cidade de Atibaia – SP

*Nursing consultations held in a unit of the family health
of the city of Atibaia, SP – Brazil*

Tamara de Moraes Cillo[1]; Rogério Barbosa de Deus[2]; Anderson Sena Barnabé[3]; Renato Ribeiro
Nogueira Ferraz[4]

Figura 3 – Exemplo de título delimitado com a supressão do objetivo e da amostra
estudada.

Portanto, seguindo os exemplos simples aqui disponibilizados, você poderá começar a pensar no título do seu estudo observacional: 1 - decidindo se vai verificar a prevalência ou a incidência de determinado fenômeno, se vai quantificar, avaliar, etc. 2 - definindo qual será o fenômeno a ser observado (uma doença, um desfecho, a presença ou ausência de um fator de risco, as condições socioeconômicas da amostra estudada, e assim por diante). 3 - decidindo quem serão os indivíduos nos quais você deseja observar a ocorrência ou não do fenômeno escolhido (crianças, idosos, adolescentes, fornecedores, alunos, frequentadores de um local, dentre outros); 4 - especificando o local (região) frequentada pelos seus entrevistados / observados / avaliados (uma cidade, uma unidade básica de saúde, uma escola, um parque, uma empresa, e demais). Desta maneira, utilize a seguinte "equação" para definir o título do seu estudo observacional, ilustrada também na Figura 4.

OBJETIVO (quantificação / avaliação / verificação / observação / prevalência / incidência, etc.) + ***FENÔMENO*** (doença / evento / conhecimento / desconhecimento, etc.) + ***POPULAÇÃO*** (funcionários / trabalhadores / estudantes / pacientes / frequentadores, etc.) + ***LOCAL DE REALIZAÇÃO*** (escola / empresa / hospital / região / cidade / estado, etc.).

OBJETIVO + FENÔMENO + POPULAÇÃO + LOCAL

Figura 4 – Equação para delimitação de títulos de estudos observacionais simples.

Com base na "equação" acima, verifique nos três títulos abaixo se você consegue identificar os quatro pontos importantes, lembrando sempre que, neste caso, a ordem dos "fatores" não alterará o "produto":

"Prevalência de hanseníase entre usuários de uma unidade básica de saúde da cidade de Belo Horizonte – MG"

"Incidência de hepatopatias alcoólicas entre trabalhadores da construção civil da zona norte da cidade de São Paulo – SP"

"Avaliação do conhecimento dos profissionais de enfermagem de um hospital particular da cidade do Rio de Janeiro – RJ com relação ao tempo máximo para mudança de decúbito visando evitar instalação de úlceras por pressão"

Para finalizar o tema delimitação do título, é muito importante frisar o que realmente é esta delimitação. Para tal, fica muito mais fácil se utilizarmos um exemplo prático. Alguém poderia fazer uma revisão de literatura, ou mesmo um trabalho observacional, com o título "AIDS"? Evidente que não. Que tal então definir o título como sendo "A AIDS no mundo"? Nesse caso, só ficaria pior se o título fosse "A AIDS no Universo" (os casos do planeta Terra deveriam ser comparados com os casos de Júpiter, Saturno, Urano...). Então, vamos "delimitar o mundo" e avaliar "A AIDS na

América do Sul". Não, ainda não. "A AIDS no Brasil"? Ainda não está bem delimitado. "A AIDS em São Paulo"? O Estado de São Paulo é um território amplo demais. E se nos dispuséssemos a avaliar "A AIDS na cidade de São Bernardo do Campo"? Agora parece que ficou bem delimitado, pelo menos no tangente ao local. Mas ainda falta delimitar a população e o intuito / objetivo do trabalho, falta explicitar se é uma revisão ou um trabalho observacional. Se este exemplo fictício (que pode facilmente se transformar em um trabalho real) fosse uma revisão da literatura, poderíamos sugerir o título *"Incidência de AIDS entre adolescentes na cidade de São Bernardo do Campo – SP: síntese de evidências nos últimos 10 anos".* Para um trabalho observacional versando sobre o mesmo tema, o título sugerido poderia ser o seguinte: *"Prevalência de AIDS entre adolescentes atendidos pelo Programa de Saúde da Família na cidade de São Bernardo do Campo – SP".*

Confecção da Introdução

Após a correta delimitação do título, você iniciará a confecção da seção de Introdução. A Introdução de um trabalho poderá seguir duas linhas principais: ir direto ao assunto específico que será discutido no decorrer do trabalho, ou "introduzir" o leitor "lentamente" ao tema sobre o qual se escreveu, de maneira gradativa. A primeira opção deverá ser utilizada quando você redigir um artigo científico que será enviado para uma revista bastante específica dentro da sua área de atuação, dita especializada. A segunda opção deve ser a escolhida quando se escreve um TCC, já que o seu avaliador nem sempre será um *expert* na área (no caso de trabalhos oriundos de cursos de graduação e especialização), e necessitará receber todas as informações possíveis para que possa se ambientar com relação ao assunto discutido, e entender a importância da profunda delimitação do tema que você escolheu. Tal fato é importante pois, devido à grande demanda de trabalhos que são finalizados a cada semestre / ano nas instituições de ensino, nem sempre é possível direcionar um TCC de Saúde Pública, por exemplo, para um especialista no assunto. Todavia, qualquer profissional de ensino com as devidas qualificações (em especial os Doutores e os Mestres) será capaz de avaliar um artigo fruto de um estudo observacional que possua uma sequência lógica de informações, descritas de maneira adequada, de maneira complementar. Ao final, a Introdução deverá convencer o leitor da importância da realização do trabalho em questão. É muito importante vender o seu peixe! Após a apreciação desta primeira seção, o leitor deverá sentir-se atraído pela leitura completa do texto, já que a Introdução lhe aguçou a curiosidade. E por falar em "justificar", o último parágrafo da Introdução deverá ser o famoso parágrafo de "justificativa", aquele que "amarra" o texto da Introdução com o Objetivo do trabalho, conforme exemplos que virão adiante.

Para a confecção da Introdução do seu artigo científico você deverá consultar artigos científicos. Pelo menos assim se espera. Não convém confeccionar o seu artigo utilizando muitos livros, dissertações ou teses. Os artigos científicos correspondem a uma fonte de informação mais "dinâmica". A evolução temporal de um determinado assunto pode ser facilmente acompanhada pela sequência de artigos que são publicados sobre o mesmo tema. Já os livros representam uma fonte de conhecimento um tanto quanto "estática", renovando-se apenas quando nova edição da obra é lançada no mercado. Teses e dissertações até podem ser citadas, mas desde que tenham sido recentemente defendidas. Teses e dissertações mais antigas (do último quadriênio), e que não geraram artigos científicos, apresentam indícios de baixa qualidade, ou de terem se disposto a estudar assuntos de pouca relevância (salvo documentos de épocas onde não de vinculava as dissertações e teses à obrigatoriedade da confecção de artigos). A utilização de informações da *Internet* é permitida, desde que obtidas de páginas com os domínios ".org", ".gov" ou ".edu". Informações provenientes de organizações não-governamentais, de páginas dos governos Federal, Estadual e Municipal, além de dados disponíveis em *sites* de instituições de ensino poderão ser amplamente utilizadas, desde que citadas as referidas fontes, e obedecendo regras que ainda serão discutidas neste livro em capítulo oportuno. Jamais se utilize de informações provenientes de *sites* leigos, feitos para a população em geral, e que não empregam adequadamente o método científico para que se possa comprovar a veracidade das informações ali disponíveis.

A seleção dos artigos que serão utilizados em seu trabalho acadêmico deverá ser realizada vasculhando-se as principais "bases de dados" disponíveis na rede mundial de computadores. Entenda que uma "base de dados" corresponde a um lugar físico, a um servidor onde estão armazenados os artigos científicos que poderão ser consultados a partir de um computador pessoal conectado à *Internet*. Alguns desses artigos são disponibilizados na íntegra e gratuitamente. Outros são disponibilizados parcialmente e podem ser adquiridos pagando-se o preço definido pela revista na qual foram publicados. Para obter os artigos científicos é necessário estabelecer uma estratégia de busca (quais palavras-chave serão utilizadas para a busca dos artigos), definir a ferramenta utilizada para sua obtenção, bem como os critérios de inclusão e exclusão de artigos (data de publicação, país de origem, bases de dados vasculhadas, dentre outros).

O processo de obtenção de material de qualidade evoluiu muito nos últimos anos, estando disponíveis na atualidade ferramentas computacionais muito interessantes para busca de artigos, como por exemplo o *Publish or Perish* (www.harzing.com). Sua instalação e utilização será discutida neste livro em um capítulo específico sobre busca refinada de referencial teórico. Ainda no referido capítulo, será feita uma interessante explanação sobre como identificar se um artigo científico apresenta qualidade acadêmica, o que por sua vez será muito importante na hora de submetê-lo à publicação em uma revista científica.

Após a seleção e avaliação prévia dos artigos, todos deverão ser lidos na íntegra e suas informações (em especial seu método, seus resultados e suas conclusões) deverão ser compiladas, organizadas e reescritas no texto de Introdução do seu artigo. E esse momento é um ponto chave na confecção do seu trabalho. Todos nós possuímos algum grau de dificuldade na redação de textos, em especial aqueles que devem ser baseados em outros já redigidos. Começar a redação talvez seja a parte mais complexa. É função do seu orientador dizer a você quais são os principais tópicos que deverão ser abordados na sua Introdução, assim como a sequência lógica de apresentação deles no corpo do seu texto. De qualquer maneira, deixaremos aqui algumas dicas que talvez possam auxiliá-lo na confecção de uma Introdução simples, mas que atenderá às necessidades básicas do texto que deverá compor a parte inicial do seu trabalho. Vamos a elas!

Escolhido o eixo principal do seu trabalho (uma doença em específico como a tuberculose, por exemplo), e estando o tema delimitado (digamos que se pretenda avaliar a prevalência de tuberculose pulmonar em crianças que residam no município de Guiricema – MG), sugerimos que você comece seu texto falando sobre os pulmões, já que estes são os órgãos-alvo da doença em questão. No primeiro parágrafo, comente algo sobre a Anatomia básica de tais órgãos, assim como as funções que eles desempenham para a manutenção da homeostasia do corpo humano. Não se esqueça que após cada informação apresentada será necessário fornecer a fonte dessa informação por meio da inclusão da citação. Este processo, que hoje já é feito de forma automatizada, também será abordado em um capítulo oportuno deste livro.

Em seguida, já no próximo parágrafo, se você tiver descrito a Anatomia e Fisiologia dos pulmões no parágrafo anterior, discorra sobre o fato de existirem inúmeras doenças que podem prejudicar o correto funcionamento dos pulmões. Cite várias delas e, ao final deste parágrafo, cite a tuberculose como uma das principais. Agora, no seu terceiro parágrafo (e talvez em mais alguns em sequência), discorra sobre a tuberculose, que foi a última doença citada no parágrafo anterior, e que também se constitui no fenômeno escolhido como foco central do trabalho. Comente sobre sua etiologia, sua patogenia, cite os sinais e sintomas, e discorra sobre a importância desta doença no âmbito da Saúde Pública. Veja que neste ponto do seu texto já começa a surgir uma justificativa para a realização do seu trabalho: a importância da tuberculose no conceito de Saúde Pública. Veja que é essencial começar a "alinhavar" o fenômeno com a importância de estudá-lo. Por fim, já que estamos falando em justificativa, o último parágrafo da sua Introdução deverá se referir justamente a ela. É este parágrafo que convencerá o leitor de que a confecção do trabalho em questão é realmente necessária. A confecção deste último parágrafo seria como "amarrar bem os sapatos", impedindo que "os cadarços de soltem" e, porventura, "você venha a tropeçar neles". Quando o avaliador do seu texto ler o parágrafo de justificativa, no subconsciente dele deverá ecoar a seguinte ideia: *"Puxa, que interessante este trabalho..."*. Vale aqui apontar que não existe um subtítulo "justificativa". Esta se refere ao último parágrafo da Introdução, unindo o seu texto introdutório ao que se pretende efetivamente realizar, ou seja, ao Objetivo do trabalho. Os exemplos simples disponibilizados nas Figuras 5, 6 e 7 deverão contribuir para esclarecer suas dúvidas com relação ao que escrever no parágrafo de justificativa.

> Verificar entre trabalhadores do serviço de teleatendimento a prevalência de sinais sugestivos de risco para calculose poderia, de alguma forma, contribuir para o conhecimento do risco litogênico entre essa amostra populacional, possibilitando às empresas a realização de programas de prevenção, já que a litíase urinária é um importante fator de perda de dias de serviço, geradas pela morbidade da condição.

Figura 5 – Exemplo de parágrafo de justificativa.

Eficácia do citrato como anticoagulante na hemodiálise veno-venosa contínua com ciclo de 60 horas em unidade de terapia intensiva

> Não há consenso sobre qual seria o método de anticoagulação ideal para os pacientes em terapias contínuas, pois diversos fatores contribuem para o alto índice de coagulação dos sistemas de diálise, estando relacionados com o estado clínico ou com a própria técnica e materiais utilizados[10]. Pelo fato de estarem disponíveis na atualidade uma série de procedimentos diferenciados para se manter o sistema de diálise permeável ao sangue, partindo-se do princípio de que o conhecimento da aplicação de cada tipo de técnica é essencial e levando-se ainda em consideração que o número de indivíduos acometidos por doenças renais internados em UTI e que necessitam de TRS aumenta a cada ano[12], julgamos importante a realização de um estudo que verificasse a eficiência do citrato como anticoagulante do sistema de HD contínua.

Figura 6 – Exemplo de parágrafo de justificativa.

Avaliação do interesse dos pais pela saúde bucal de seus filhos pelo índice de comparecimento às consultas odontológicas de crianças em idade pré-escolar

> Determinar o índice de comparecimento às consultas odontológicas dos pré-escolares agendados para tratamento ajudou a quantificar a efetividade do programa e o interesse dos responsáveis pelas crianças, fornecendo dados reais que servem de base para a criação de novas estratégias, visando conscientizar a população sobre a importância dessa adesão e, assim, buscar reduzir o número de crianças em idade pré-escolar acometidas pela cárie.

Figura 7 – Exemplo de parágrafo de justificativa.

Não se esqueça: todas as informações utilizadas na redação do seu texto obrigatoriamente deverão conter a respectiva citação, ou seja, a fonte utilizada para obtenção da informação descrita deverá ser fornecida ali mesmo, no corpo do texto. Todos os parágrafos da sua Introdução (exceto o parágrafo de justificativa), e muitos outros parágrafos no decorrer de todo o seu artigo, deverão incondicionalmente apresentar referência a pelo menos um autor. Referenciar significa creditar ao verdadeiro autor a informação que você está utilizando. Muitos alunos escrevem textos e, quando indagados onde estão as citações, respondem que "tiraram o texto da cabeça". Embora nós tenhamos armazenadas em nossas memórias inúmeras informações acadêmicas, todas elas foram anteriormente descritas por algum pesquisador que trabalhou arduamente até conceber as ideias representadas em sua obra e, portanto, merece o crédito relacionado a elas. Esse pesquisador é o autor do artigo, do livro, do capítulo, ou da dissertação / tese que você leu antes de transcrever a informação no seu texto. Mas, como dito, nós lhe ensinaremos a citar no texto, assim como a listar essas referências, de maneira automatizada ainda neste livro.

De forma resumida, se o seu texto for um TCC de graduação ou de especialização, ou mesmo se você estiver escrevendo um estudo para uma revista generalista, ou seja, que publica artigos sobre os mais diversos assuntos dentro de uma área específica do conhecimento, você deverá fazer uma Introdução que possibilite ao leitor (que por sua vez poderá ser o parecerista do seu trabalho ou o revisor do seu artigo) entender um pouco mais sobre o assunto abordado, mesmo que ele não seja um especialista neste assunto. Por exemplo, se for um trabalho na área da saúde sobre uma doença que atinge um órgão qualquer: 1 - fale no primeiro parágrafo sobre as características do órgão quando está funcionando normalmente e sem a doença; 2 - no segundo parágrafo cite as principais doenças que o acometem, citando por último a doença escolhida; 3 - no terceiro (e talvez quarto e quinto parágrafos) forneça informações mais específicas sobre essa doença, como a etiologia (causa), epidemiologia (número de indivíduos acometidos), sinais, sintomas, além dos malefícios que ela traz ao paciente acometido; 4 - no penúltimo parágrafo (que também pode ser dividido em dois ou três), demostre a importância de se estudar a referida doença, comentando, por exemplo, que ela acomete muitas pessoas, gera absenteísmo (falta ao trabalho), traz sofrimento, gera prejuízos às empresas, aos serviços de saúde e ao paciente acometido, dentre outras particularidades; 5 - e, finalmente, no último parágrafo, justifique a importância de estudar o referido assunto com base nos benefícios que este estudo poderá trazer para a área do conhecimento na qual ele está inserido. Agora, se o seu trabalho for fruto de uma dissertação ou tese, é quase certeza que será submetido a uma revista especializada, ou seja, que publica apenas trabalhos sobre assuntos mais específicos, como por exemplo, estudos apenas sobre *marketing*, ou apenas de gestão de projetos. Os leitores e pareceristas destas revistas, assim como os membros da sua banca avaliadora, provavelmente serão especialistas no assunto e, por isso, não precisarão receber tantas informações introdutórias sobre o assunto do trabalho. Neste caso, você já pode iniciar a redação do ponto que demonstra a importância de se estudar o tema, ou seja, realizando uma pequena contextualização e focando no problema e na pergunta de pesquisa.

Definindo o Objetivo

Repare que nossa intenção agora é ajudá-lo a definir o Objetivo do seu trabalho, e não os "Objetivos". Em artigos científicos o Objetivo é uma coisa só, deve ser curto, compacto, e deve ainda mostrar exatamente a que o trabalho se presta. Não dívida seu objetivo em "gerais" e "específicos". Tal divisão não existe quando se confecciona um artigo. Outro erro muito comum na confecção dessa seção é a criação de objetivos que são impossíveis de serem cumpridos. Quanto um pesquisador se compromete a avaliar o número de casos de uma doença qualquer em um intervalo de tempo e local definidos, ele não conseguirá, a partir do referido levantamento, reduzir o número de casos da doença pesquisada. Ele apenas fornecerá dados para criar ou mesmo reformular campanhas preventivas e de esclarecimento da população. Mantenha sempre os pés no chão!

Em estudos observacionais do tipo transversal, que se constituem no foco do presente capítulo, sugerimos que seu objetivo seja exatamente um espelho do seu título, todavia começando sempre com um verbo (enquanto normalmente o título começa com um substantivo), conforme demonstram os exemplos apresentados nas Figuras 8, 9 e 10. Por exemplo, se o título do seu trabalho for "Avaliação da...", o objetivo do seu trabalho deverá ser "Avaliar a...". Um lembrete final: não inicie a seção de Objetivo do seu trabalho com aquela frase: "O objetivo deste trabalho é..." Se a seção é de Objetivo, não é necessário repetir essa informação no corpo do texto!

Identificação dos fatores de risco
e prevalência de infecção do trato
urinário em trabalhadoras do
serviço de teleatendimento

Objetivo

Verificar a prevalência de ITU entre trabalhadores do serviço de teleatendimento e identificar possíveis fatores de risco envolvidos na instalação do referido quadro infeccioso.

Figura 8 – Exemplo de Objetivo para estudos observacionais.

Consultas de enfermagem
realizadas em uma unidade
de saúde da família da cidade
de Atibaia – SP

Objetivo

Quantificar as consultas de enfermagem realizadas em uma unidade de saúde da família na cidade de Atibaia (SP).

Figura 9 – Exemplo de Objetivo para estudos observacionais.

Eficácia do citrato como anticoagulante na hemodiálise veno-venosa contínua com ciclo de 60 horas em unidade de terapia intensiva

Objetivo

Avaliar a eficácia do citrato como anticoagulante nos sistemas de HD contínua em relação à manutenção da permeabilidade do filtro.

Figura 10 – Exemplo de Objetivo para trabalhos de campo

Descrevendo o Método

Seria difícil eleger a seção mais importante de um trabalho. Afinal, todas as seções listadas são essenciais tanto em um projeto quanto em um artigo científico que deverá ser entregue ao final do seu curso, ou submetido à publicação, ou as duas coisas. Todavia, a seção de Método é particularmente importante, pois a escolha do Método definirá o que se encontrará nas seções de Resultados, Discussão e Conclusão. E, ainda, deverá ser adequado para cumprir o Objetivo anteriormente proposto. Veja que o termo mais adequado é "Método", e não "Métodos", "Metodologia" ou "Material e Métodos", como solicitado por algumas Instituições de ensino e revistas, embora não sejam proibidos. Na referida seção deverão ser descritos todos os passos seguidos para atingir o Objetivo e obter os Resultados. É como se fosse a "receita de um bolo": se algum ingrediente importante for esquecido, o bolo pode não ficar bom... Um detalhe muito importante não deve ser esquecido: o Método do trabalho deve ser escrito de tal forma que possa ser reproduzido igualmente por qualquer pesquisador em qualquer parte do mundo. Trata-se do conceito de reprodutibilidade do Método.

Na seção de Método de um estudo observacional, deverão ser fornecidos: 1 – a classificação / descrição da pesquisa; 2 - o local do estudo; 3 – o período de realização do trabalho; 4 - a amostra populacional; 5 - os critérios de inclusão / exclusão dos participantes; 6 - os instrumentos / procedimentos de coleta de dados; 7 - as variáveis observadas nesses instrumentos / procedimentos; 8 - os testes estatísticos utilizados para tratamento das variáveis; 9 - os preceitos éticos relacionados à pesquisa (quando esta for realizada com seres humanos). Observe o Método apresentado na Figura 11, que se refere a um estudo observacional:

Incidência de insuficiência renal aguda e crônica como complicações de pacientes internados em uma unidade de terapia intensiva

Método

Trata-se de um estudo prospectivo, de natureza quantitativa, realizado no período de 1 a 10/2/2010, em um hospital da rede privada, localizado na zona sul da cidade de São Paulo. Os dados para a confecção desta pesquisa foram obtidos por meio da verificação dos prontuários de pacientes admitidos na UTI no período descrito. Desses prontuários foram obtidos dados como o peso e a altura dos pacientes (para cálculo do IMC), além da idade, sexo, etnia e presença de tabagismo. Ainda, informações com respeito ao motivo de encaminhamento à UTI, doença de base, tempo de internação e medicação utilizada também foram anotados.

Figura 11: Avaliando a seção de Método: descrição, período, local, amostra, instrumentos e variáveis.

Logo no início da seção nota-se que o estudo foi descrito como sendo prospectivo. Tais estudos são aqueles que vão quantificar um fenômeno qualquer partindo de uma data pré-definida, e onde nenhum indivíduo observado apresentava o fenômeno escolhido. Estes indivíduos são observados pelo tempo que o fenômeno normalmente levaria para se instalar, resultando no cálculo da incidência. Caso seu estudo objetive quantificar determinado fenômeno já existente no momento da observação, como já dito, seus resultados retornarão à prevalência deste fenômeno, sendo tais estudos classificados na sua maioria como retrospectivos. Sendo assim, siga esta dica e comece dizendo se seu estudo é prospectivo ou retrospectivo.

Repare que, logo a seguir, define-se a pesquisa como sendo quantitativa. Tais estudos apenas quantificam um fenômeno qualquer e, porventura, o associam com possíveis fatores de risco observados. Exemplos simples de estudos quantitativos são aqueles que, por exemplo, identificam o número de ocorrências (frequência absoluta) de um fenômeno qualquer em uma determinada amostra populacional. Um estudo descritivo / quantitativo constitui o modelo mais simples de trabalho observacional que, embora muitas vezes criticado por sua simplicidade, pode servir de base para o desenho de estudos mais complexos, com amostras previamente calculadas, todavia mais longos e custosos, como os estudos de seguimento e os estudos de caso-controle, muito importantes, por exemplo, para entendimento dos aspectos epidemiológicos de variadas doenças. Em estudos da área de Ciências Sociais Aplicadas, pede-se que a classificação do estudo aponte as referências que a justificam, o que é incomum nos estudos da área de Saúde.

Após a descrição inicial do estudo, forneceu-se o período de realização (01 a 10/02/2010), o local do estudo (hospital particular na zona sul da cidade de São Paulo – SP), o instrumento de coleta de dados (nesse caso os prontuários, mas poderiam ser questionários, entrevistas, fichas, dentre outros), e a amostra populacional avaliada (pacientes admitidos na UTI). Logo a seguir ficaram explícitas as variáveis observadas pelos pesquisadores (sexo, idade, etnia, presença ou não de tabagismo etc.).

Vale lembrar que, quando forem utilizados questionários, é muito importante descrever: 1 - quantas perguntas o mesmo conterá; 2 - qual será a forma de resposta a essas perguntas (respostas abertas ou de múltipla escolha); 3 - quanto tempo os participantes terão para responder ao questionário; 4 - se haverá ou não alguma participação dos pesquisadores nas respostas; 5 - se o questionário será identificado ou anônimo, assim como é necessário comentar sobre o teor geral das questões. Veja bem! Não é para copiar cada uma das perguntas no seu artigo! É para descrever, em termos gerais, o que elas se dispõem a coletar. Ainda, não existem anexos em artigos científicos, ou seja, suas perguntas não aparecerão em lugar algum. Por fim, ao optar pela utilização de questionários, procure por instrumentos já validados pela literatura e, especialmente, adequados à sua proposta de pesquisa. Não saia por aí inventando questionários, pois isso é muito pouco científico e diminui consideravelmente a qualidade do seu resultado. Sempre existirá pelo menos um questionário que possa ser adaptado às suas pretensões, publicado dentro ou fora do país. Procure direito!

Repare agora, na Figura 12, a continuação da seção de Método do mesmo estudo observacional que estamos "dissecando":

> As variáveis idade, tempo de internação na UTI e IMC foram apresentadas pelos seus valores médios ± desvio-padrão. Etnia, presença de tabagismo, medicação utilizada e motivo de internação foram apresentados pelos seus valores inteiros e percentuais, sem a aplicação de testes estatísticos. Todas as variáveis estudadas passaram por uma análise multivariada utilizando-se o programa *Medcalc Clinical Calculations*® (*Aspire Soft International*) visando identificar os fatores influenciadores do desfecho final, que foi a evolução da patologia de base para o estado de insuficiência renal.

Figura 12: Avaliando a seção de Método: testes estatísticos.

O trecho em destaque mostra de maneira bastante clara como as variáveis foram analisadas, com o intuito de obter os Resultados do seu estudo. Repare que o exemplo comenta sobre o uso de "média" e "desvio padrão" e de "frequência relativa" e "absoluta". Comenta ainda sobre uma "tal" de "análise multivariada". Este tópico de análise das variáveis requer um estudo mais aprofundado, que poderá ser encontrado no capítulo de Estatística presente nesta obra. Se você for um estudante espera-se que, em momento oportuno, seu Orientador o auxilie na escolha e execução dos testes / cálculos mais adequados ao seu estudo.

Finalizemos agora a análise da seção de Método, observando na Figura 13 como os preceitos éticos são descritos:

> **Este trabalho foi registrado no Conselho Nacional de Ética em Pesquisa (CONEP) sob o protocolo no. 378169/2010, sendo apresentado e aprovado pelo Comitê de Ética em Pesquisa (COEP) da Universidade Nove de Julho – UNINOVE, por estar de acordo com a resolução 196/96 do Conselho Nacional de Saúde.**

Figura 13: Avaliando a seção de Método: preceitos éticos.

É muito importante que informações individuais relacionadas aos participantes da pesquisa não sejam divulgadas. A maior parte das instituições também não permite a divulgação de sua razão social ou nome de fantasia. Caso seu trabalho seja realizado diretamente com os participantes (por meio da resposta a um questionário, entrevista ou observação), será necessário que os mesmos leiam e assinem um Termo de Consentimento Livre e Esclarecido (TCLE), que é um documento escrito em linguagem popular e que contém todas as informações sobre a pesquisa, bem como seus possíveis riscos e benefícios. Exemplos de TCLE que poderão servir de base para a confecção de um termo relacionado ao seu estudo encontram-se disponíveis aos montes na *internet*. Não se esqueça de colocar na sua seção de Método a seguinte frase: *"Os participantes deste estudo autorizaram a utilização de seus dados por meio da assinatura do Termo de Consentimento Livre e Esclarecido"*.

Finalizando a descrição dos preceitos éticos, é necessário que uma informação muito importante lhe fique bem clara: toda pesquisa envolvendo seres humanos, independente se feita com prontuários, com cadáveres, por observação de atitudes, entrevistas, questionários, consultas, ou qualquer outra forma de abordagem direta ou indireta, obrigatoriamente deverá ser registrado no Conselho Nacional de Ética em Pesquisa (CONEP), que é um órgão vinculado ao Ministério da Saúde, por meio de um portal denominado Plataforma Brasil. Mesmo na área de Ciências Sociais Aplicadas, Humanas e Educação, dentre outras, existe uma forte tendência para que as propostas de trabalho passem antes pela verificação de um Comitê de Ética em Pesquisa (COEP). E é exatamente neste ponto que iniciamos a finalização da primeira parte do seu estudo observacional, que apresenta todos os componentes de um "projeto", caso este necessite de avaliação pelo COEP. Dizemos isso porque o seu texto até aqui, com Introdução, Objetivo e Método, seguidos de Orçamento, Cronograma e Referências (sendo as referências discutidas em capítulo posterior), se necessário, poderá (ou deverá) ser imputado na referida Plataforma para que ela direcione o seu projeto ao COEP mais adequado. Este Comitê, normalmente vinculado à instituição onde o trabalho será realizado, ou à Instituição a qual o pesquisador pertence, é composto por pessoas responsáveis por aprovar ou não as questões / intervenções / exposições às quais serão submetidos os sujeitos da pesquisa. O COEP pode reprovar, aprovar, ou sugerir mudanças no projeto inicial, para que o mesmo cumpra as obrigações previstas na resolução 466/2012, que substituiu a Resolução 196/1996 do Conselho Nacional de Saúde (CNS), e que por sua vez regulamenta todas as questões éticas a serem obedecidas quando se realiza uma pesquisa com seres humanos. Detalhes sobre a submissão de projetos na Plataforma Brasil também se encontram disponíveis em capítulo específico deste manual.

Descrevendo os Resultados

Até este momento você descreveu como seu trabalho "seria" feito. Redigiu uma Introdução que buscou convencer o leitor sobre a importância da sua pesquisa, elaborou um objetivo coerente, e descreveu na seção de Método o passo-a-passo de como pretendia realizar o trabalho. Agora, na seção de Resultados, que deverá ser redigida apenas após as coletas de dados que você se prontificou a realizar na seção anterior, deve-se apresentar fielmente a distribuição da amostra estudada de acordo com cada variável que você se dispôs a observar. Nesta seção do seu artigo você não deverá explicar o porquê dos acontecimentos, mas apenas apresentá-los em números. Deve ser dada muita atenção ao fato de que todas as variáveis propostas na seção de Método devem agora ser descritas, sem qualquer interferência do pesquisador, independente se o resultado obtido foi ou não aquele que outrora estava sendo esperado. Não esqueça nenhuma variável! E não descreva variáveis que não foram citadas na seção de Método!

Inicie a redação desta seção descrevendo o tamanho da amostra pesquisada. Lembre-se que em estudos observacionais simples, que avaliam a ocorrência pontual de diversos fenômenos em uma amostra de conveniência (que leva em consideração "o que tinha de gente para ser avaliada no dia em que se resolveu tocar o estudo"), o tamanho da amostra não é definido previamente. Sendo assim, o número final de indivíduos arrolados no estudo, ou mesmo o número de situações avaliadas, são uma incógnita no início do trabalho devendo, portanto, serem descritos na seção de Resultados. Apenas em estudos mais bem desenhados e controlados, onde a amostra inicial é definida previamente por meio da utilização de fórmulas estatísticas específicas, o tamanho total da amostra deverá ser definido já na seção de Método. Para o cálculo do tamanho amostral, sugerimos uma calculadora bastante simples de ser utilizada, disponível no endereço http://www.publicacoesdeturismo.com.br/calculoamostral/. Durante o seu uso, normalmente se aceita um erro de 5%, e se trabalha com um nível de confiança de 95%. Para uma população de 15 mil pessoas, conforme demonstrado na Figura 14, a calculadora irá sugerir a avaliação de 375 indivíduos para que os resultados do seu trabalho possam refletir a realizada de toda a população.

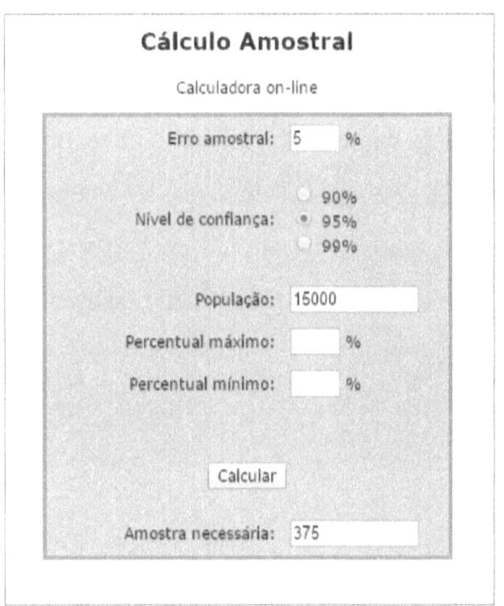

Figura 14: Calculadora *online* para definição de tamanho de amostra representativa da população.

Fonte: http://www.publicacoesdeturismo.com.br/calculoamostral/

Após a descrição do tamanho da amostra, você deverá distribui-la de acordo com cada variável já proposta. Neste ponto você deverá se lembrar do final do texto de Método, onde a forma de apresentação das variáveis foi definida. A maneira mais simples de apresentar variáveis numéricas é utilizando uma medida de tendência central (média, mediana, moda), seguida de uma medida de dispersão (desvio-padrão, valor mínimo e máximo, erro-padrão). A escolha entre média ou mediana dependerá do modelo de distribuição dos dados coletados (se homogênea ou heterogênea). Tal distribuição poderá ser verificada com a utilização de testes estatísticos específicos (testes de normalidade) que lhe serão apresentados em um capítulo apropriado. Quando as variáveis são categóricas (fumante ou não fumante, homem ou mulher, doente ou sadio etc.), costuma-se apresentá-las pela sua frequência absoluta (número de ocorrências dentro da amostra) e relativa (percentual do total da amostra estudada). A decisão pela utilização de testes para avaliar a relação entre as variáveis estudadas como, por exemplo, uma análise univariada ou multivariada, além de diversas outras formas de avaliar se existe "ligação" entre essas variáveis, ficará a cargo do seu Orientador, que se baseará no desenho inicial do seu estudo. Todavia, o capítulo sobre "Estatística para simples mortais", disponível nesta obra, poderá lhe ajudar a entender um pouco mais sobre o assunto.

Em estudos com humanos, é de praxe caracterizar a amostra populacional inicialmente pelo sexo e pela idade, independentemente se tais variáveis influenciarão ou não no desfecho final. A caracterização de ambas poderá ser feita no mesmo parágrafo onde o tamanho da amostra foi descrito. Repare no exemplo disponibilizado na Figura 15, que descreve a amostra de acordo com as variáveis aqui comentadas. As variáveis propostas na seção de Método do referido trabalho encontram-se destacadas dentro do retângulo em vermelho:

Método

Trata-se de um estudo retrospectivo, descritivo, e de natureza quantitativa, realizado no período de maio de 2010, em uma clínica de hemodiálise localizada na zona norte da cidade de São Paulo (SP). A amostra populacional desta pesquisa foi constituída por pacientes que realizaram periodicamente sessões de hemodiálise no período compreendido entre janeiro e julho de 2009 na referida clínica. Por meio da observação dos prontuários desses pacientes, foram coletados dados com respeito ao sexo, idade, etnia, grau de escolaridade e doenças de base. Nessa análise de prontuários, nenhum critério de exclusão necessitou ser observado.

Resultados

A amostra populacional deste estudo foi constituída por 80 pacientes portadores de IRC, que iniciaram seu tratamento hemodialítico no período de janeiro de 2009 até junho de 2009 em uma clínica de hemodiálise na cidade de São Paulo, sendo 58 do sexo masculino (72,5% da amostra), e 22, do feminino (27,5% do total), com médias de idade de 60 ± 13 anos.

Figura 15 – Descrição do tamanho da amostra e distribuição desta de acordo com o sexo e a idade dos participantes

Um importante detalhe com relação à idade é que, quando esta for um fator de influência no desfecho final que se quer avaliar, mesmo sendo uma variável numérica ela deverá, impreterivelmente, ser transformada em categórica, e os indivíduos deverão ser distribuídos nessas categorias, conforme demonstrado na Figura 16. Tal dica também poderá ser utilizada para outras variáveis numéricas como, por exemplo, peso, índice de massa corporal, número de vezes que determinado episódio se repetiu, e assim por diante.

> Com relação à distribuição por idade, seis indivíduos (7,5%) apresentavam entre 20 e 40 anos; 34 pacientes (42,5%), entre 41 e 60 anos, e 40 indivíduos (50% da amostra) possuíam idades entre 61 e 80 anos.

Figura 16 – Categorização de uma variável numérica

Repare que, na Figura 15, os autores do estudo se dispuseram também a distribuir a amostra de acordo com a etnia, com o grau de escolaridade, e com a doença de base de cada participante, que são variáveis categóricas. Sendo assim, os parágrafos seguintes deverão apresentar separadamente tal distribuição, conforme pode ser observado nas Figuras 17, 18 e 19.

> Categorizando os pacientes por etnia, 67 deles (84% do total) eram caucasianos, 7 (9%) eram negros, e 6 indivíduos (7% da amostra), pardos.

Figura 17 – Categorização da amostra pela etnia

> Quando os pacientes foram categorizados de acordo com o grau de escolaridade, 7,5% do total (6 portadores) eram analfabetos; 25% (20 voluntários) tinham o ensino fundamental incompleto; 27,5% (22 indivíduos), o fundamental completo; 1,5% (1 paciente) possuía o ensino médio completo; 13,5% (11 pacientes) possuíam o ensino médio completo; 6,5% (5 indivíduos) concluíram o ensino superior e 18,5% da amostra (15 prontuários) não continham informação sobre o nível de escolaridade.

Figura 18 – Categorização da amostra pela escolaridade

> Ao classificar os participantes do estudo
> de acordo com os fatores etiológicos associados
> à IRC, encontramos os seguintes resultados: 58
> deles (72,5%) eram portadores de HAS; 26 pa-
> cientes (32,5%), de DM tipo II (resistente à ação
> da insulina); 20 indivíduos (25%) apresentavam
> HAS e DM II concomitantemente; 1 paciente
> (1,25%) era portador de DM I (dependente de
> insulina); 4 pacientes (0,5%) tinham histórico
> de rins policísticos, 1 deles apresentou glome-
> rulonefrite (1,25%) e 10 indivíduos (12,5% da
> amostra) informaram desconhecer doenças an-
> teriores. Para uma melhor visualização desses

Figura 19 – Categorização da amostra pela doença de base

Para finalizar a redação dos Resultados, não se esqueça de conferir se todas as variáveis propostas na seção de Método foram contempladas. A inconformidade de tal situação constitui falta grave, normalmente punida com reprovação do trabalho. Não é raro o autor de um trabalho se comprometer a estudar, por exemplo, cinco variáveis, e apresentar o resultado de apenas quatro. Ainda, muitas vezes nos deparamos com trabalhos onde a sessão de Resultados apresenta variáveis que não foram sugeridas na seção de Método.

Redigindo a Discussão

Conforme visto no tópico anterior, a seção de Resultados apresenta os números obtidos após a coleta de dados, mas não explica o porquê dos acontecimentos. Sendo assim, caberá à seção de Discussão: 1 - retomar em forma de ideia cada um dos Resultados obtidos; 2 - compará-los com algum trabalho já disponível na literatura; 3 – fornecer informações importantes sobre o estudo comparado, como local, período, amostra, resultado principal e conclusão; 4 - explicar o porquê do acontecimento de tal fato. Você deverá cumprir cada uma dessas quatro etapas para cada um dos resultados obtidos em sua pesquisa. Nada de preguiça!

Mas antes de iniciar a Discussão *per se*, é importante salientar que o primeiro parágrafo deverá realizar a retomada do assunto principal ao qual o seu trabalho se refere. Dessa maneira, você refrescará a memória do seu avaliador / leitor, relembrando-o da importância da realização do seu trabalho. Exemplos de "parágrafos de retomada" são demonstrados nas Figuras 20 e 21.

> **Prevalência de lesões cutâneas em pacientes atendidos pelo programa de internação domiciliar (PID) no município de Santos – SP**
>
> ## Discussão
>
> Atualmente, no Brasil, existem poucos dados na literatura com respeito à prevalência dos principais tipos de lesões, particularmente as cutâneas. As feridas constituem um sério problema de saúde pública, em razão do grande número de doentes com alterações na integridade da pele, embora, como dito, sejam escassos os registros desses atendimentos[15].

Figura 20 – Exemplo de "parágrafo de retomada".

> **Prevalência e recorrência de litíase urinária em uma população de estudantes universitários da grande São Paulo**
>
> ## Discussão
>
> A formação de "pedras nos rins" tornou-se um grave problema de saúde pública para a sociedade atual. A incidência de litíase urinária vem aumentando com o passar dos anos, estimando-se que 10% a 15% da população mundial seja, atualmente, acometida pelos processos calculogênicos do trato urinário[2].

Figura 21 – Exemplo de "parágrafo de retomada".

Agora, repare na Figura 22 como deverá ser realizada separadamente a Discussão de cada um dos seus Resultados:

Avaliação dos principais fatores etiológicos em indivíduos portadores de insuficiência renal crônica em hemodiálise

Discussão

A IRC é caracterizada por danos renais graves e irreversíveis, evidenciada pela redução na taxa de filtração glomerular para menos de 15 ml/min. Nessa condição, é indicada ao paciente a terapia renal substitutiva, representada pela diálise peritonial e pela hemodiálise, ou o transplante renal. Embora esta última opção ofereça maior sobrevida, é crescente o número de portadores de IRC mundialmente, fazendo com que a demanda por um transplante renal supere em muito a quantidade de doadores, aumentando diariamente o número de pacientes admitidos nos centros de diálise[2-4, 11].

Figura 22: Etapas da Discussão de cada Resultado apresentado

Observe que o que está sendo discutido na Figura 22 é o resultado relativo à distribuição da amostra populacional estudada de acordo com variável idade. Inicialmente ocorreu uma retomada do próprio dado quando os autores dizem que "... *os dados neste estudo com respeito à idade...*". Em seguida, os resultados são comparados a um trabalho já publicado na literatura: "... *estão de acordo com os dados de Morsch e colaboradores (2005)* ...". Na continuação, foi apresentado o dado encontrado no trabalho de Morsch (2005): "... *que, em seu trabalho, observaram predomínio de acometimento por falência renal de indivíduos com idade acima de 60 anos.*"

Finalizando a discussão do resultado "distribuição por idade", os autores explicam o provável motivo para o resultado encontrado: *"Esse fato talvez possa ser elucidado parcialmente pelo aumento da expectativa de vida da população brasileira associado à própria história natural de doenças crônicas com o DM e a HAS, que levam à perda da função renal com o passar dos anos"*.

Sumarizando, cada variável apresentada na seção de Método deverá ser numericamente apresentada na seção de Resultados e, a seguir, cada resultado deverá ser retomado "em formato de ideia", comparado e explicado na seção de Discussão. A "equação" a seguir poderá servir de base para discutir cada um dos resultados encontrados:

RESULTADO (retomado em forma de ideia) + COMPARAÇÃO A ALGUM TRABALHO JÁ PUBLICADO + DESCRIÇÃO DO RESULTADO DO TRABALHO COMPARADO + EXPLICAÇÃO / ESPECULAÇÃO SOBRE O PORQUÊ DO RESULTADO ENCONTRADO

Lembre-se de jamais repetir os números apresentados em Resultados na seção de Discussão. As médias, as frequências relativas e absolutas, dentre outros, deverão ficar restritos à seção de Resultados. Repetir os números do trabalho na Discussão é um erro grave e bastante comum, que poderá dificultar a aprovação do seu trabalho. Talvez exista uma certa dificuldade no entendimento do que seria "apresentar o resultado em formato de ideia". Digamos que, na sua seção de Resultados, você verificou que das 100 pessoas entrevistadas, 90 delas (90% da sua amostra) responderam positivamente a uma questão qualquer. Na seção de discussão você deverá dizer que: *"Neste trabalho, a grande maioria dos entrevistados respondeu positivamente"*. Ou seja, 90% foi transformado em "a grande maioria", sendo esta a "ideia" que representa "o número" encontrado. Não existe regra para essa transformação, mas caso queira, você pode seguir a seguinte sugestão: 100% → todos; 80-90% → a grande maioria; 70% → a maioria; 60% → pouco mais da metade; 50% → metade; 40% → pouco menos da metade; 20-30% → a minoria; 10% → uma pequena parcela, uma pequena minoria.

Para finalizar sua Discussão, é muito importante que você seja capaz de identificar os vieses metodológicos do seu próprio trabalho. Reconhecer as limitações é um ponto muito bem visto pelos avaliadores, devendo tais limitações virem descritas no último parágrafo da sua Discussão, que apelidamos de "parágrafo da humildade".

Exemplos de limitações bastante comuns são o pequeno número de indivíduos estudados, um curto período de observação, a não realização de testes diagnósticos mais adequados, a ausência de variáveis que porventura deveriam ser observadas, dentre outros. Aproveite para, nesse mesmo parágrafo, sugerir novos estudos que complementem os resultados por você apresentados, ou mesmo que não apresentem as limitações por você levantadas. Um exemplo de parágrafo descrevendo as limitações de um trabalho pode ser visto na Figura 23.

> ## Incidência de insuficiência renal aguda e crônica como complicações de pacientes internados em uma unidade de terapia intensiva
>
> Reconhece-se que a amostra populacional deste trabalho, assim como o tempo de realização do estudo foram bastante reduzidos.
>
> Outros trabalhos que arrolem um maior número de pacientes, com mais tempo de observação, e que comparem os resultados obtidos entre os diversos centros ainda são necessários para a verificação em maior escala do fenômeno observado nesta pesquisa.

Figura 23 – Exemplo de parágrafo descrevendo as limitações de um trabalho.

Finalizando o trabalho: a seção de Conclusão (você está quase lá!)

É evidente que, durante a confecção do seu estudo observacional, diversas variáveis foram avaliadas e inúmeros resultados foram obtidos. Todavia, é importante que você, na fase de fechamento do seu trabalho, saiba identificar seu principal resultado e destacá-lo na seção de Conclusão. Você ainda poderá, na seção de Conclusão, sugerir possíveis soluções para o problema que seu trabalho se dispôs a levantar. Ou seja, a seção de Conclusão deverá responder à pergunta de pesquisa que está presente na seção de Introdução. A Conclusão apresenta uma relação muito forte tanto com o título quanto com o Objetivo do seu trabalho. Repare nos exemplos disponibilizados nas Figuras 24 e 25:

Eficácia do citrato como anticoagulante na hemodiálise veno-venosa contínua com ciclo de 60 horas em unidade de terapia intensiva

Conclusão

Com a utilização do citrato como anticoagulante, os principais indicadores de permeabilidade do filtro apresentaram valores no limite preconizado, corroborando para a aceitação do fato de que o citrato exerceu adequadamente seu efeito anticoagulante nos ciclos analisados. Novos estudos com um maior número de pacientes e acompanhados por um maior período de observação fazem-se necessários para sacramentar os resultados observados com essa pesquisa.

Figura 24: Exemplo de Conclusão.

v.5, n.2, 2011

CONHECIMENTO DOS GRADUANDOS DE ENFERMAGEM COM RESPEITO À NEFROLOGIA COMO ÁREA ESPECÍFICA DE ATUAÇÃO

KNOWLEDGE OF NURSING UNDER GRADUATES WITH RESPECT TO NEPHROLOGY AS SPECIFIC AREA OF EXPERTISE

Santos GM·, Barnabe AS··, Fornari JV···, Ferraz RRN····

CONCLUSÃO

O interesse dos graduandos em Enfermagem pela Nefrologia como área de especialização é praticamente inexistente. Isso poderá refletir muito em breve na ausência de profissionais habilitados para exercer as funções necessárias em uma unidade de terapia renal substitutiva. É necessário que, já no ambiente de graduação, a Nefrologia seja apresentada aos alunos como um importante campo de trabalho do profissional de Enfermagem, visando reduzir a procura por campos já saturados, além de fornecer pessoal bem treinado para exercer, de maneira profissionalizada, os cuidados de enfermagem tão necessários ao paciente nefropata.

Figura 25: Exemplo de Conclusão.

Repare que a Figura 24 mostra um trabalho cujo objetivo principal era verificar se o citrato apresentava eficácia como anticoagulante em sessões de hemodiálise (HD). Sendo assim, a Conclusão deste trabalho, muito bem elaborada, ressalta o fato de que o citrato realmente mostrou-se eficaz quando o assunto é evitar a coagulação sanguínea em sistemas de HD.

A Figura 25 traz a Conclusão de um trabalho cuja intenção foi verificar se os graduandos de enfermagem apresentavam interesse na Nefrologia como possível área de atuação. Repare no texto apresentado que esse interesse foi *"... praticamente inexistente"*. Ainda, após essa informação, os autores sugerem uma "solução" para o problema identificado, sugerindo que a Nefrologia seja apresentada aos alunos de enfermagem "... *ainda durante o período de graduação*".

Na Conclusão não deverão aparecer números (que deverão ser apresentados, como dito, apenas na seção de Resultados), tão pouco explicações para os fatos (cuja redação deverá ser feita na seção de Discussão). Sua Conclusão, portanto, deverá ser curta e bastante focada. Se em algum momento você pensar em teclar <ENTER> e continuar sua Conclusão em outro parágrafo, repense seu texto, pois ele provavelmente está mais extenso do que realmente deveria estar.

E o resumo?

Resumir nunca foi fácil. É por isso que, desde há muito tempo, ainda na época do seu "curso primário", você era conduzido a fazer resumos e mais resumos, sem saber exatamente para quê. E, mesmo assim, apesar de ter realizado tantos resumos, temos certeza de que você ainda apresenta algumas dificuldades quando o assunto é sintetizar um texto. Mas não se preocupe. Nós, que aqui lhe escrevemos, também sentimos tais dificuldades quando o assunto é selecionar o que realmente deverá ser destacado no Resumo de um trabalho científico.

O Resumo deverá apresentar as seções de Introdução, Objetivo, Método, Resultados e Conclusão. Discussão e Referências não deverão ser abordadas no texto resumido. Na Introdução, realize apenas uma breve contextualização sobre o fenômeno discutido em seu trabalho, buscando focar na justificativa sobre a importância da realização do estudo. O Objetivo poderá ser uma cópia do Objetivo do trabalho principal. No Método, procure citar descrever a amostra estudada, o instrumento de coleta de dados e as variáveis avaliadas. Na redação dos Resultados, relate apenas o principal deles, aquele que a seção de Objetivo se propôs a verificar e, quando possível, relate alguns eventos associados a ele. A Conclusão do resumo poderá ser muito semelhante à Conclusão final do trabalho, mas, como o principal resultado acabou de ser relatado, vale focar esta Conclusão na contribuição para a prática disponibilizada na parte final do texto original.

A quantidade de palavras permitida em um Resumo varia entre 100 e 250, dependendo da Instituição e da revista para a qual se pretende submeter o trabalho. Nesse ponto, vale estudar caso a caso quais são as regras disponíveis. Não se esqueça de obedecer a estas regras para obter bons resultados em sua avaliação. Ao final de seu texto você deverá incluir de 3 a 6 palavras-chave (descritores) que, da mesma forma que você selecionou palavras-chave para encontrar artigos visando embasar cientificamente o seu texto, outros pesquisadores deverão encontrar o seu artigo, caso o mesmo seja publicado, digitando as palavras-chave que você definir ao final do seu Resumo. A Figura 26 traz um exemplo de Resumo com quatro palavras-chave.

Avaliação dos principais fatores etiológicos em indivíduos portadores de insuficiência renal crônica em hemodiálise

Resumo

Introdução: A Insuficiência Renal Crônica (IRC) caracteriza-se pela redução progressiva das funções renais. Quando seu estágio terminal se instala, torna-se necessária a instituição de alguma das modalidades de Terapia Renal Substitutiva, por exemplo, a hemodiálise (HD). Objetivo: Identificar as etiologias mais prevalentes em pacientes portadores de IRC em HD. Método: Foram analisados 80 prontuários e observados dados, tais como etnia, sexo, idade, grau de escolaridade e doença de base que evoluiu para IRC. Resultados: Do total da amostra, 72,5% eram portadores de Hipertensão Arterial Sistêmica (HAS); 32,5%, de Diabetes Melito (DM) tipo 2, e 25% apresentavam as duas patologias. Quanto à escolaridade, apenas 27,5% possuíam o Ensino Fundamental completo. Conclusão: A criação ou a drástica reformulação de campanhas que visem prevenir as complicações da HAS e do DM, sobretudo entre indivíduos com baixa escolaridade, talvez possa contribuir para a redução do número de casos de IRC, reduzindo os custos aos sistemas de saúde e, principalmente, melhorando a qualidade de vida de seus portadores, que podem prevenir ou, pelo menos, retardar a sua admissão em programas de TRS.

Descritores: Etiologia; Hemodiálise; Insuficiência renal; Prevalência.

Figura 26 – Exemplo de Resumo com palavras-chave.

A escolha das palavras-chave não poderá ser feita de maneira aleatória. Para trabalhos na área da Saúde, antes de definir os descritores que serão utilizados em seu Resumo, você deverá verificar se a utilização deles é permitida, por meio da consulta a uma importante ferramenta criada especificamente para tal, denominada "Descritores em Ciências da Saúde" (DeCS).

Acesse o *link* <http://decs.bvs.br/>, clique em "Consultar", e tenha acesso à tela apresentada na Figura 27. No local onde se encontra o quadro <Consulta por palavra>, digite a palavra-chave que você pretende utilizar em seu Resumo e verifique se o sistema permitirá sua utilização. Caso a palavra escolhida não seja prevista pelo DeCS, você será direcionado à uma tela semelhante a apresentada na Figura 28 devendo, logo a seguir, escolher outro descritor e repetir sua pesquisa. Caso sua palavra-chave esteja contida nos registros do DeCS, diversas opções para seu uso lhe serão fornecidas, conforme apresentado na Figura 29.

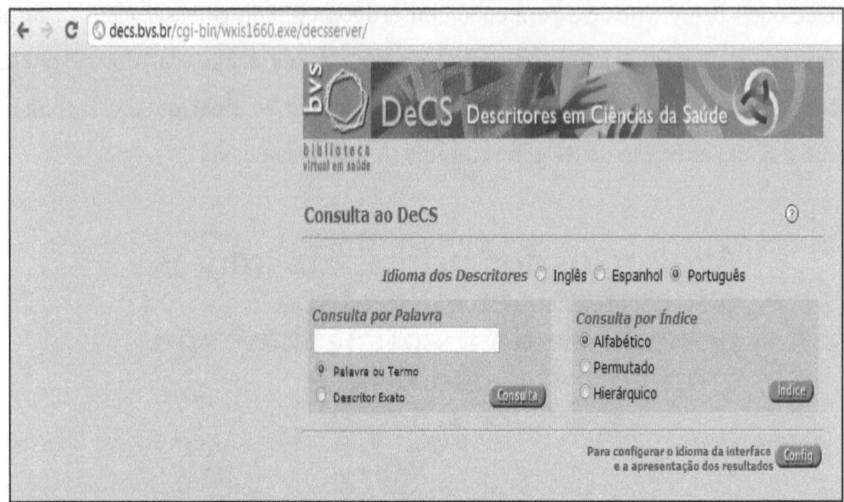

Figura 27 – Tela inicial do aplicativo DeCS.

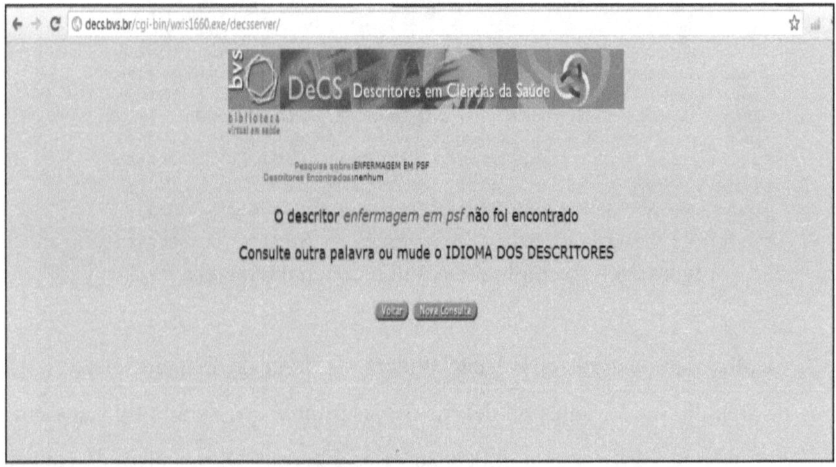

Figura 28: Tela apresentada quando uma palavra-chave não faz parte dos arquivos do DeCS.

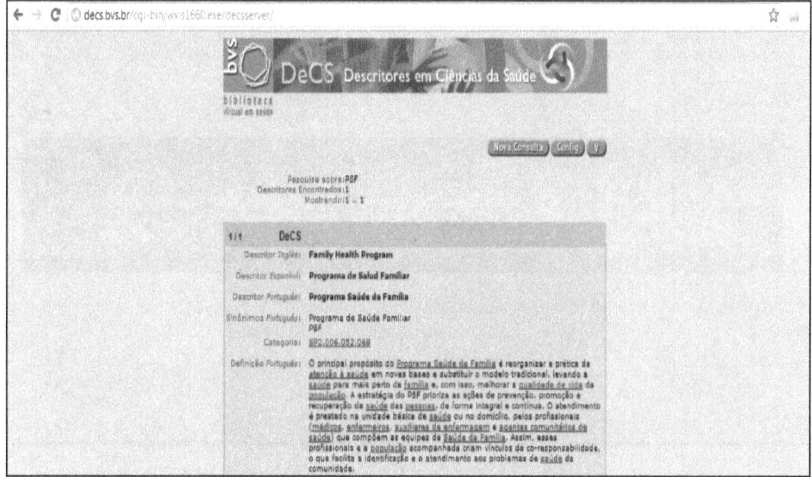

Figura 29: Tela apresentada quando o uso de uma palavra-chave foi permitido pelo DeCS.

Repare no exemplo apresentado na Figura 28 que o termo "enfermagem em psf" não poderá ser utilizado como palavra-chave. Porém, caso você queira utilizar a sigla psf, que significa "programa de saúde da família", você poderá fazê-lo já que, conforme demonstrado na Figura 29, este termo está previsto pela ferramenta DeCS.

Você ainda deverá, após a conclusão do seu resumo em português, incluir no seu estudo observacional um resumo em inglês. Agora preste bastante atenção: tome muito cuidado com as ferramentas disponíveis na *internet* que se dispõe a realizar a tradução de um texto! Embora algumas delas, em especial o Google Tradutor (<http://translate.google.com.br/>) sejam capazes de realizar uma tradução até que razoável, ela fica longe do que se espera para um trabalho científico e deverá, sem sombra de dúvidas, ser corrigida por alguém que domine a língua inglesa. Vale à pena ainda citar que as palavras-chave não devem ser simplesmente traduzidas para o inglês. É necessário verificar a possibilidade de utilização das chamadas *keywords,* utilizando o aplicativo MeSH (*Medical Subject Headings*), disponível em <http://www.ncbi.nlm.nih.gov/mesh/>, da mesma maneira que você utilizou o DeCS para a validação dos descritores em português. A Figura 30 mostra a tela inicial do aplicativo MeSH.

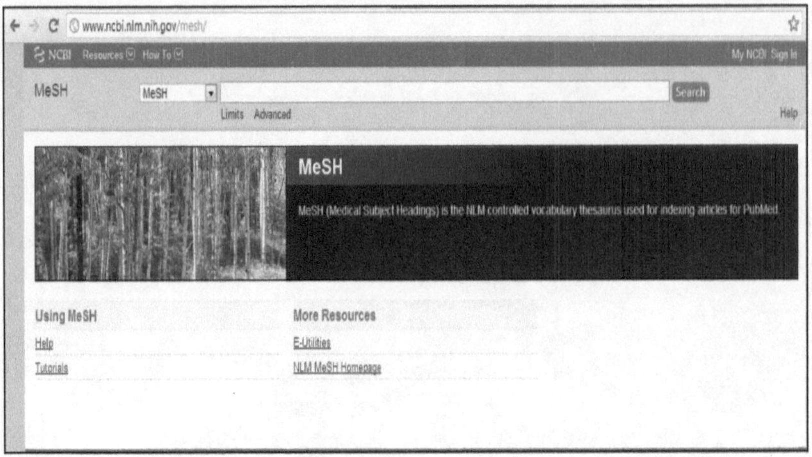

Figura 30 – Tela inicial do aplicativo MeSH

Embora não existam, até o presente momento, ferramentas como DeCS e MESH para outras áreas que não a área da Saúde, existe uma forte corrente de pensamento no sentido de que ferramentas semelhantes às apresentadas sejam criadas com vistas a contribuir na organização de descritores e *keywords* visando facilitar a catalogação de obras também nessas áreas. E por que isso é importante? Pense que, em um belo dia, você pode acordar inspirado e com a imaginação extremamente fértil, e acabar escolhendo uma palavra-chave estapafúrdia que talvez jamais seja "repensada" por alguém que faça uma pesquisa com um buscador qualquer. E o que isso implica? Implica que seu artigo talvez jamais seja encontrado por outros pesquisadores, que você nunca seja citado, que seu trabalho não seja reconhecido...

Considerações finais

Finalmente este longo capítulo acabou! Esperamos que, com a atenta leitura das dicas nele apresentadas, você seja capaz de desenhar, conduzir e finalizar um excelente estudo observacional do tipo transversal. Você consegue! Se ainda sentir dificuldades, consulte as referências listadas a seguir. Todas elas são artigos gratuitos disponíveis na *internet*, utilizados como exemplos neste capítulo, e que se utilizaram das dicas aqui apresentadas para que pudessem ser escritos e publicados, ou seja, são exemplos de sucesso. Boa leitura!

Sumarizando as partes mais importantes de um estudo observacional do tipo transversal

1 - Não se esqueça que o título do seu trabalho precisa ser muito bem delimitado e apresentar os quatro pontos presentes na equação de delimitação;

2 – Redija um resumo com Introdução, Objetivo, Método, Resultados e Conclusão.

3 - Certifique-se que o texto da sua Introdução convence que seu trabalho é importante;

4 - "Amarre" o Objetivo do seu trabalho com o título e com o parágrafo de justificativa da Introdução;

5 - No Método, classifique a pesquisa e forneça a "receita do bolo" para obtenção dos Resultados, além de falar da estatística e da ética em pesquisa;

6 - Na seção de Resultados, apresente os "números" relativos a cada variável proposta.

7 - Na Discussão, retome o assunto, retome cada resultado em forma de ideia, compare-o com o resultado dos outros autores e explique-o, além de assumir suas próprias limitações;

8 - Na Conclusão, foque o resultado principal e forneça uma possível solução para o seu problema de pesquisa. Redija resumos coerentes e utilize palavras-chave previstas. É isso. Vai dar certo.

9 – Termine o seu estudo transversal com a lista de referências utilizadas no trabalho.

Referências utilizadas como exemplos neste capítulo

AMORIM, Â. M. V. et al. Eficácia do citrato como anticoagulante na hemodiálise veno-venosa contínua com ciclo de 60 horas em unidade de terapia intensiva. ConScientiae Saúde, v. 9, n. 2, p. 187–193, 2010.

CASSINI, A. V. et al. Avaliação dos principais fatores etiológicos em indivíduos portadores de insuficiência renal crônica em hemodiálise. ConScientiae Saúde, v. 9, n. 3, p. 462–468, 2010.

DE MORAES CILLO, T. et al. Consultas de enfermagem realizadas em uma unidade de saúde da família da cidade de Atibaia-SP. ConScientiae Saúde, v. 8, n. 4, p. 609-613, 2009.

DE SOUZA, M. L. et al. Incidência de insuficiência renal aguda e crônica como complicações de pacientes internados em uma unidade de terapia intensiva. ConScientiae Saúde, v. 9, n. 3, p. 456–461, 2010.

DE SOUZA, P. T. et al. Prevalência de sinais sugestivos de litíase urinária em trabalhadores do serviço de teleatendimento. ConScientiae Saúde, v. 8, n. 4, p. 641–647, 2009.

FERRARI, D. C. et al. Prevalência de lesões cutâneas em pacientes atendidos pelo programa de internação domiciliar (PID) no município de Santos-SP. ConScientiae Saúde, v. 9, n. 1, p. 25–32, 2010.

FERRAZ, R. R. N.; DE DEUS, R. B. Incidência de insuficiência renal aguda na Unidade de Terapia Intensiva Neonatal de um hospital paulista. Acta Paul. Enferm. São Paulo, v. 22, p. 497–500, 2009.

GUSSON, D. G. et al. Prevalência e recorrência de litíase urinária em uma população de estudantes universitários da grande São Paulo. ConScientiae Saúde, v. 8, n. 4, p. 621–626, 2009.

SANTOS, G. M. et al. Conhecimento dos Graduandos de enfermagem com respeito à nefrologia como área específica de atuação. Revista Saúde-UnG, v. 5, n. 2, p. 17–22, 2011.

SILVA, S. C. et al. Identificação dos fatores de risco e prevalência de infecção do trato urinário em trabalhadoras do serviço de teleatendimento. ConScientiae Saúde, v. 11, n. 4, p. 598–606, 2012.

SIQUEIRA, D. et al. Avaliação do interesse dos pais pela saúde bucal de seus filhos pelo índice de comparecimento 'as consultas odontológicas de crianças em idade pré-escolar. ConScientiae Saúde, v. 8, n. 2, p. 239–244, 2009.

Referência complementar

Assista como redigir um Estudo Observacional em:

https://www.youtube.com/watch?v=qXRCkqlTHbY

SUBMETENDO SEU TRABALHO À AVALIAÇÃO PELO COMITÊ DE ÉTICA EM PESQUISA

Renato Ribeiro Nogueira Ferraz, Renan Antônio da Silva, Roger de Lucca

Este capítulo é bem curto. A importância de sua realização se baseia no fato de que, se você for um profissional da área de Saúde, ou mesmo da área de Educação, e pretende realizar um estudo observacional simples do tipo transversal, mesmo que apenas com prontuários, um estudo epidemiológico mais complexo, como os estudos caso-controle e as coortes, um estudo experimental para testar um medicamento ou um novo método de diagnóstico (estudos estes não discutidos neste livro), ou mesmo um estudo de caso, obrigatoriamente você deverá submeter seu trabalho a um Comitê de Ética em Pesquisa (COEP) regularmente registrado no Conselho Nacional de Saúde (CNS), órgão vinculado ao Ministério da Saúde.

Eticamente falando, não é permitido conduzir qualquer estudo científico que envolva pessoas sem a aprovação de um COEP. Mesmo que você vá fazer trabalhos apenas observando prontuários, mesmo que você vá conduzir um estudo com cadáveres (a quem nada de mal poderá acontecer!), ou mesmo se você pretende apenas olhar para um indivíduo e anotar algumas de suas características, você deve, como pesquisador, enviar seu trabalho para apreciação, mesmo que seja apenas para declarar que você não vai, por exemplo, divulgar informações que possam identificar os participantes da pesquisa.

A ética em pesquisa, atualmente, é regida pela resolução 466/2012 do CNS, que substituiu a resolução 166/1996 do mesmo Conselho. Nela estão descritas todas as situações que envolvem a necessidade de registro de projetos de pesquisa em um COEP. Você até pode acessar a resolução e estudá-la na íntegra, embora, em resumo, se o seu trabalho envolve "gente", você precisará registrá-lo. Não há como fugir disso! Sem o número de registro do projeto (CAAE, que significa "Certificado de Apresentáço para Apreciação Ética"), e sem o número do parecer consubstanciado de aprovação, nenhuma revista séria da área da Saúde publicará seu artigo. E se você é da área de Educação, Administração, Ciências Sociais, dentre outras, saiba que existe uma forte corrente para que os projetos de pesquisa oriundos de áreas distintas da Saúde também tenham um Conselho que regulamente o que pode e o que não pode ser feito durante a condução de uma pesquisa científica. Torcemos para tal!

Para registrar um projeto e solicitar sua avaliação, você deverá acessar uma conhecida plataforma, denominada Plataforma Brasil, no endereço http://aplicacao.saude.gov.br/plataformabrasil/login.jsf, quando então será demonstrada a tela disponível na Figura 1:

Figura 1: Tela inicial do portal Plataforma Brasil.

Inicialmente você deverá cadastrar-se como pesquisador clicando no *link* <cadastre-se> (Figura 1). Após preencher um formulário simples com seus dados pessoais e criar seu *login* e sua senha, você terá acesso à tela inicial de cadastro do projeto, apresentada na Figura 2:

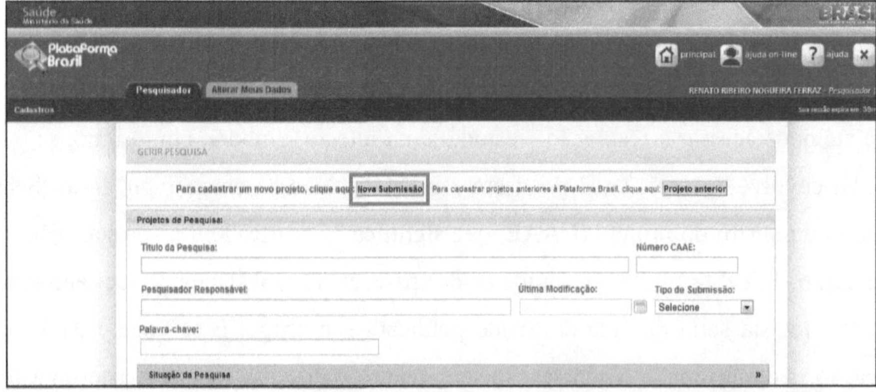

Figura 2 – Tela inicial de cadastro do projeto na Plataforma Brasil (PB).

Bastará clicar no botão <Nova Submissão>, ler atentamente as solicitações, e imputar as informações que são solicitadas pela Plataforma. Tem muita gente por aí que acha difícil cadastrar projetos na PB. Ora... Preencher a Plataforma é como usar um caixa eletrônico. Quando você chega no caixa, está escrito na tela "Insira o seu cartão". E o que você vai fazer? Inserir o cartão, é claro! Depois o caixa diz "Retire o cartão". E você retira! Logo em seguida aparecem as opções "saque", "depósito", "empréstimos", "extrato" etc. Se você quiser tirar dinheiro você vai clicar em depósito? Mas é lógico que não! Você vai clicar em "saque"! Preencher a PB segue a mesma lógica... Onde estiver escrito "título do trabalho", você irá digitar ali o título do seu trabalho! Onde estiver escrito "referências", você vai copiar as referências do Word e colar onde está sendo solicitado. E assim segue! Não tem nada difícil na Plataforma. Você agora é um pesquisador, tem pelo menos Nível Superior, e não pode desistir assim tão fácil das coisas. A tecnologia existe, nos rodeia, e não há como você fugir dela.

Vale ressaltar que, antes de acessar a PB, o seu projeto já deverá ter sido escrito, com Título, Introdução, Objetivo, Método, Orçamento, Cronograma e Referências. Essas são as seções que obrigatoriamente deverão compor o texto do seu projeto. Assim, durante o preenchimento da PB, você vai apenas copiar o texto do projeto no formato Word e colar esse texto na Plataforma. Em algum momento do preenchimento será solicitado que você anexe o próprio projeto, além da carta de autorização da Instituição e do Termo de Consentimento Livre e Esclarecido (TCLE), quando necessário.

Não se faz pesquisa em uma instituição se não houver uma autorização por escrito por parte de seu representante legal. Coletar dados sem ser autorizado poderá lhe trazer sérios problemas de ordem ética e judicial. A autorização da instituição estará assegurada por meio da assinatura pelo seu gestor de uma carta com texto bastante simples, do tipo *"Eu, fulano de tal, que exerço a função X na instituição Y, autorizo o pesquisador Z a conduzir o estudo intitulado tal"*. Após a assinatura e carimbo da carta, esta deverá ser digitalizada e imputada na PB juntamente com o projeto. Com relação ao TCLE, trata-se de um documento cuja assinatura pelos pacientes (ou por seus responsáveis, caso sejam menores de idade ou incapazes) é obrigatória. Ele será necessário caso você vá realizar uma pesquisa que aborde diretamente os indivíduos, seja por entrevista ou preenchimento de questionário, ou mesmo se o seu trabalho envolver apenas a observação de pessoas. A assinatura do TCLE indica que o voluntário concorda com a participação na pesquisa, e lhe fornece respaldo legal com relação aos dados coletados. Existem vários modelos de TCLE disponíveis na *web*. Basta digitar "modelo de TCLE" no Google comum (não o acadêmico!), ler os diversos termos, escolher o que mais se encaixe no escopo da sua proposta, modificá-lo conforme a necessidade, e imputá-lo no sistema da PB para avaliação do COEP.

Todo projeto de pesquisa apresenta custos, mesmo que mínimos. Ocorrerão gastos com tinta de impressão, cópias, folhas, ligações telefônicas, canetas, condução, alimentação, dentre outros. Sendo assim, será necessária a confecção de um orçamento, mesmo que bastante simples, para a apresentação do projeto ao COEP por meio da PB. A Figura 3 traz um modelo bastante simplificado de orçamento que deverá ser adaptado individualmente ao projeto de cada pesquisador. Vale lembrar que, na confecção do artigo final, o orçamento deverá ser descartado, devendo estar presente apenas na apresentação do projeto quando este se fizer necessário.

MATERIAIS	VALOR
Pacote de folha A4	R$ 11,00
Material de papelaria	R$ 40,00
Cartucho de tinta preta para impressão	R$ 120,00
Serviço de fotocópias	R$ 30,00
Alimentação	R$ 50,00
Transporte	R$ 125,00
TOTAL	R$ 376,00

Figura 3 – Modelo de Orçamento para projeto de pesquisa.

Logo abaixo do orçamento, deverá vir a descrição de quem custeará o projeto. Os gastos com trabalhos que não façam parte de projetos temáticos custeados por Universidades ou por instituições de fomento (CAPES, FAPESP, CNPQ, dentre outras), deverão ficar a cargo do próprio pesquisador. Sugerimos incluir a seguinte inscrição para trabalhos de campo que não envolvam custos específicos: *"Todos os custos deste projeto ficarão por conta do pesquisador principal, não sendo gerado qualquer ônus à instituição onde será realizado ou a Universidade a qual o pesquisador está vinculado"*.

Além disso, será necessária a elaboração de um cronograma, que corresponde a um quadro onde as etapas de realização do trabalho deverão ser previstas. Ainda, o tempo aproximado para realização de cada etapa também deverá estar explícito. Este Cronograma precisa estar presente no projeto imputado na PB. O modelo disponibilizado na Figura 4, também bastante simplificado, poderá ser facilmente adaptado a qualquer proposta de trabalho.

Março 2016	Maio a julho de 2016	Agosto a novembro de 2016	Dezembro 2016
Confecção da Introdução, Objetivo e Método / Submissão ao COEP	Coleta e tabulação dos dados (em caso de aprovação pelo COEP)	Confecção da seção de Resultados	Confecção da Discussão e Conclusão / Submissão de artigo científico

Figura 4 – Modelo de Cronograma para projeto de pesquisa.

Terminada a "alimentação" do aplicativo com as informações do seu projeto de pesquisa, o sistema lhe fornecerá uma folha de rosto semelhante à demonstrada na Figura 5.

PlataForma Brasil	MINISTÉRIO DA SAÚDE - Conselho Nacional de Saúde - Comissão Nacional de Ética em Pesquisa – CONEP
	FOLHA DE ROSTO PARA PESQUISA ENVOLVENDO SERES HUMANOS

1. Projeto de Pesquisa:	2. CAAE:
ESTUDO ANÁTOMO FUNCIONAL DAS TÊNIAS DO CÓLO E APÊNDICE VERMIFORME E QUANTIFICAÇÃO DE SUAS VARIAÇÕES ANATÔMICAS EM CADÁVERES E PEÇAS ISOLADAS DE INTESTINOS HUMANOS	

3. Área do Conhecimento:
Grande Área 2. Ciências Biológicas

PESQUISADOR RESPONSÁVEL

4. Nome:
RENATO RIBEIRO NOGUEIRA FERRAZ

5. CPF:	6. Endereço (Rua, n.º):
161.451.958-78	PEDRO MENDES, 872 MONTANHAO null SAO BERNARDO DO CAMPO SAO PAULO 09791530

7. Nacionalidade:	8. Telefone:	9. Outro Telefone:	10. Email:
BRASILEIRA	1197190245		renato@nefro.epm.br

11. Cargo:

Termo de Compromisso: Declaro que conheço e cumprirei os requisitos da Resolução CNS 196/96 e suas complementares. Comprometo-me a utilizar os materiais e dados coletados exclusivamente para os fins previstos no protocolo e a publicar os resultados sejam eles favoráveis ou não. Aceito as responsabilidades pela condução científica do projeto acima. Tenho ciência que essa folha será anexada ao projeto devidamente assinada por todos os responsáveis e fará parte integrante da documentação do mesmo.

Data: _______ / _______ / _______

____
Assinatura

INSTITUIÇÃO PROPONENTE

12. Nome:	13. CNPJ:	14. Unidade/Órgão:
Universidade Nove de Julho - UNINOVE	43.374.768/0009-95	

15. Telefone:	16. Outro Telefone:
113385-9059	

Termo de Compromisso (do responsável pela instituição): Declaro que conheço e cumprirei os requisitos da Resolução CNS 196/96 e suas Complementares e como esta instituição tem condições para o desenvolvimento deste projeto, autorizo sua execução.

Responsável: _______________________________________   CPF: _______________________________________

Cargo/Função: _______________________________________

Data: _______ / _______ / _______

____
Assinatura

PATROCINADOR PRINCIPAL

Não se aplica.

Figura 5: Folha de rosto fornecida automaticamente quando se cadastra um projeto na PB.

Essa folha de rosto deverá ser impressa, assinada pelo pesquisador, assinada pelo responsável pela instituição onde o trabalho será realizado e, em algumas situações, assinada também pelo responsável pelo departamento ao qual o pesquisador está vinculado (Figura 6).

PlataForma Brasil — MINISTÉRIO DA SAÚDE - Conselho Nacional de Saúde - Comissão Nacional de Ética em Pesquisa – CONEP

FOLHA DE ROSTO PARA PESQUISA ENVOLVENDO SERES HUMANOS

1. Projeto de Pesquisa:	2. CAAE:
ESTUDO ANÁTOMO FUNCIONAL DAS TÊNIAS DO CÓLO E APÊNDICE VERMIFORME E QUANTIFICAÇÃO DE SUAS VARIAÇÕES ANATÔMICAS EM CADÁVERES E PEÇAS ISOLADAS DE INTESTINOS HUMANOS	

3. Área do Conhecimento:
Grande Área 2. Ciências Biológicas

PESQUISADOR RESPONSÁVEL

4. Nome:
RENATO RIBEIRO NOGUEIRA FERRAZ

5. CPF:	6. Endereço (Rua, n.°):
161.451.958-78	PEDRO MENDES 872 MONTANHAO null SAO BERNARDO DO CAMPO SAO PAULO 09791530

7. Nacionalidade:	8. Telefone:	9. Outro Telefone:	10. Email:
BRASILEIRA	1197190245		renato@nefro.epm.br

11. Cargo:

Termo de Compromisso: Declaro que conheço e cumprirei os requisitos da Resolução CNS 196/96 e suas complementares. Comprometo-me a utilizar os materiais e dados coletados exclusivamente para os fins previstos no protocolo e a publicar os resultados sejam eles favoráveis ou não. Aceito as responsabilidades pela condução científica do projeto acima. Tenho ciência que essa folha será anexada ao projeto devidamente assinada por todos os responsáveis e fará parte integrante da documentação do mesmo.

Data: 06 / 02 / 22

INSTITUIÇÃO PROPONENTE

12. Nome:	13. CNPJ	14. Unidade/Órgão:
Universidade Nove de Julho - UNINOVE	43.374.768/0009-95	

15. Telefone:	16. Outro Telefone:
113385-9059	

Termo de Compromisso (do responsável pela instituição): Declaro que conheço e cumprirei os requisitos da Resolução CNS 196/96 e suas Complementares e como esta instituição tem condições para o desenvolvimento deste projeto, autorizo sua execução.

Responsável: CPF: 002 440 79765

Cargo/Função: Coordenador Ciências Biológicas

Data: 03 / 02

Profa. Maria Antonietta Leitão Zajac
Coordenação - Ciências Biológicas
UNINOVE

Assinatura

PATROCINADOR PRINCIPAL

Figura 6: Folha de rosto preenchida e pronta para ser imputada na PB.

Após as assinaturas, a folha de rosto deverá ser digitalizada e imputada na própria PB. Após essa etapa, o pesquisador clicara no botão <Enviar Projeto> e aguardará a resposta do COEP, que será direcionada não ao pesquisador, mas sim à Plataforma Brasil. Esta, por sua vez, avisará o pesquisador no *e-mail* cadastrado no início do processo. O pesquisador acompanhará o resultado da avaliação acessando a Plataforma, onde terá acesso a uma tela semelhante a apresentada na Figura 7:

Situação da Pesquisa »

	Buscar Projeto de Pesquisa	Limpar

Projeto de Pesquisa:

Tipo ◆	Número CAAE ◆	Título da Pesquisa ◆	Pesquisador Responsável ◆	Versão ◆	Última Modificação ◆	Situação ◆	Gestão da Pesquisa
P	00749612.9.0000.5511	PREVALÊNCIA DE VEIAS VARICOSAS EM TRABALHADORES MANTIDOS EM POSIÇÃO ORTOSTÁTICA	RENATO RIBEIRO NOGUEIRA FERRAZ	4	07/05/2012	Aprovado	
P	00776912.0.0000.5511	ESTUDO ANÁTOMO FUNCIONAL DAS TÊNIAS DO CÓLO E APÊNDICE VERMIFORME E QUANTIFICAÇÃO DE SUAS (...)	RENATO RIBEIRO NOGUEIRA FERRAZ	1	27/02/2012	Aprovado	
P	00964812.2.0000.5511	UTILIZAÇÃO DAS PECULIARIDADES DE MANDÍBULAS MASCULINAS E FEMININAS PARA CLASSIFICAÇÃO POR(...)	RENATO RIBEIRO NOGUEIRA FERRAZ	1	27/02/2012	Aprovado	
P	01668112.2.0000.5511	PREVALÊNCIA DE ALTERAÇÕES COMPORTAMENTAIS DURANTE AS FASES DO CICLO REPRODUTIVO FEMININO	RENATO RIBEIRO NOGUEIRA FERRAZ	1	20/06/2012	Em Apreciação pelo CEP	

Figura 5: Tela de consulta aos projetos já cadastrados na Plataforma Brasil.

Quaisquer alterações julgadas necessárias pelo corpo de avaliadores serão disponibilizadas ao pesquisador, bastando para tal acessar o projeto diretamente na tela apresentada.

O processo de inclusão e verificação de autorização para realização do projeto, embora um pouco trabalhoso, como dito, é bastante simples de ser realizado, contanto que seja feito com bastante atenção. Não se esqueça que você só poderá iniciar a coleta dos dados após aprovação do COEP, que lhe fornecerá um documento de autorização que poderá ser "baixado" no próprio *site* da Plataforma (que é o tal do parecer consubstanciado de aprovação). Caso ainda persistam as dificuldades com relação ao registro do seu projeto, o próprio sistema disponibiliza um manual que explica passo a passo como deve ser feito esse registro.

Em resumo, se seu trabalho envolver pessoas, registre-o na PB. Se você não registrar, correrá o risco de ter de publicá-lo em revistas mal qualificadas (se é que você vai conseguir publicar...). Ainda, instituições de ensino sérias provavelmente reprovarão o seu TCC se você não possuir o parecer de aprovação do COEP. Sempre peça autorização por escrito para as instituições onde as pesquisas serão realizadas, resguardando-se quanto aos aspectos legais. A Plataforma Brasil não é difícil de ser preenchida, mas requer atenção. Existe um monte de gente por aí ganhando dinheiro de gente preguiçosa e desatenta que diz "não conseguir" imputar um projeto na PB. Não seja mais um desses. Agora, se você acha isso tudo muito complicado, não tem problema. Faça um Relato Técnico ou uma Revisão da Literatura, que na essência, não exigem registro em COEP. Ao trabalho!

EXORCIZANDO A BIOESTATÍSTICA

Renato Ribeiro Nogueira Ferraz, Anderson Sena Barnabé, Renan Antônio da Silva

A intenção de se colocar um título dessa categoria para o capítulo que abordará a aplicação de testes estatísticos foi proposital. Sentimo-nos obrigados a fazê-lo porque tínhamos absoluta certeza de que você jamais o leria se não fosse dessa maneira. Sabemos de tudo que você passou na Graduação quando aquele Professor de Estatística, normalmente um matemático com pouca ou nenhuma atuação da área de Biológicas e Saúde, ficava ali te obrigando a fazer cálculos de média, desvio-padrão, erro padrão, tudo na ponta do lápis e, muitas vezes, sem o auxílio de calculadora. Boa parte dos nossos leitores talvez tenham sido reprovados na Disciplina. E, dos que não reprovaram, poucos foram os que entenderam alguma coisa. Mas, afinal, quando é que eu uso média? O que é o desvio-padrão? O critério para escolha entre média e mediana é o uni-duni-tê? É claro que não... E aqueles malditos valores de *p*, de *r*... Calma! Continue sua leitura! Não lhe apresentaremos nenhuma fórmula matemática e você também não se verá abrigado a fazer nenhum exercício que vá gastar duas folhas de almaço (frente e verso). Buscaremos apresentar aqui quais são as formas corretas (pelo menos as mais simples) de "olhar" para os dados do seu trabalho e "escolher" o teste estatístico (ou a forma de apresentação) mais adequado para estes dados. Vale ressaltar que não estamos nos dispondo aqui a dar um curso de estatística, até porque a intenção da maioria de nossos leitores não é fazê-lo. Se você é uma pessoa com bastante conhecimento no assunto, abandone este capítulo e vá fazer algo mais interessante. Agora, se você não tem a mínima noção ou pouco sabe sobre o tema, gostaríamos de convidá-lo a fazer uma leitura que lhe será, se não prazerosa, no mínimo bastante útil. Vamos nessa?

Uma das primeiras abordagens em estatística se resume em entender a diferença entre população e amostra. É bem comum as pessoas perguntarem "quantos pacientes", "quantos clientes", "quantas pessoas"? Nestes casos, está sendo perguntado qual é o tamanho da sua amostra. Sobre esses dois termos, nós temos:

População: Consiste em um conjunto de todos os indivíduos que compartilham de, pelo menos, uma característica comum (geralmente a ser estudada), seja ela a espécie, a etnia, a cidadania, a filiação a uma associação, as características físicas, a presença de doenças ou fatores de risco, o time que torce, dentre outras.

Amostra: Quando estudamos um pequeno grupo de indivíduos retirados da população, esse grupo é chamado de amostra.

Quando alguém se dispõe a realizar um trabalho científico envolvendo amostras, é necessário definir se estas serão previamente calculadas, ou se serão utilizadas amostras de conveniência. Quando o pesquisador utiliza uma amostra de conveniência, significa que ele chegou em algum lugar e considerou como amostra as pessoas que estavam ali naquele dia, naquele momento. Outra forma de considerar uma amostra como sendo de conveniência é quando se realiza trabalhos envolvendo os formulários e prontuários que estejam disponíveis em determinado local. Esses estudos, muitas vezes chamados de transversais, simplesmente trabalham com uma amostra do tipo "o que tem pra hoje". Já as amostras previamente calculadas dependem de fórmulas matemáticas complexas e que levam em consideração o poder que essa amostra tem de representar a população de onde foi retirada. Muitos programas estatísticos que podemos comprar por aí calculam o tamanho adequado da amostra de uma pesquisa para que esta seja representativa da população. Esses programas levam em consideração qual é a porcentagem de erro aceita pelo pesquisador (normalmente 1, 5 ou 10%), o nível de confiança que se espera dos resultados (normalmente 90, 95 ou 99%), o tamanho da população (por exemplo, quantos habitantes existem em uma cidade qualquer), dentre outros fatores menos importantes para o momento.

As amostras de conveniência são menos confiáveis, já que não se terá certeza se o resultado encontrado em um estudo que utilizou esse tipo de amostra será representativo da população como um todo. Nesse caso, o pesquisador deverá assumir como principal limitação do seu trabalho o fato de que "estudos com uma amostra previamente calculada e representativa da população deverão ser conduzidos para confirmar o fenômeno apresentado". Todavia, as amostras de conveniência são bastante interessantes, visto que podem identificar um fenômeno em um grupo de pessoas pertencentes a uma mesma população, mesmo que este grupo seja pequeno. Estudos desse tipo servem para chamar a atenção sobre fenômenos, que depois devem ser investigados com estudos mais bem desenhados e amostras representativas. Quer uma grande vantagem das amostras de conveniência? Você consegue realizar um estudo em um único dia, com uma única observação, e sem gastar dinheiro!

Se um dia, após conduzir um estudo com uma amostra de conveniência, você observar um resultado interessante e quiser comprovar se ele pode se repetir em uma amostra representativa, você deverá utilizar, como dito, um programa específico para calcular essa amostra, e guardar tempo e dinheiro para conduzir seu estudo. Na *internet* existem algumas "calculadoras de amostra" que são gratuitas e, apesar das discussões sobre a consistência dos cálculos por elas realizados, são muito úteis quando não dispomos de um programa pago. A Figura 1 traz um exemplo dessas calculadoras:

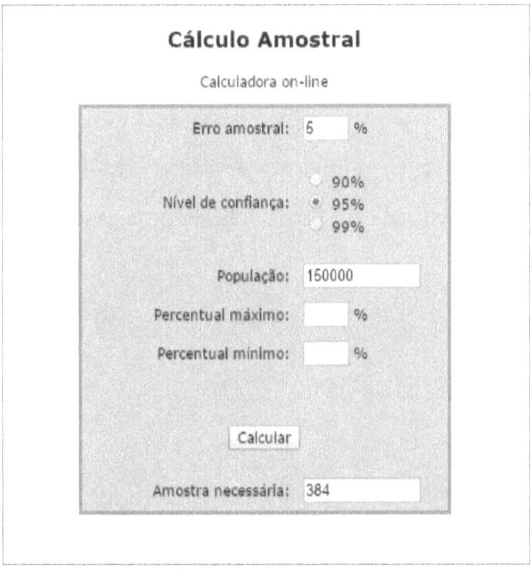

Figura 1: Exemplo de utilização de calculadora amostral.

Fonte: http://www.publicacoesdeturismo.com.br/calculoamostral/

Na Figura 1, repare que escolhemos um erro amostral de 5%, com um respectivo intervalo de confiança de 95%, que são os índices mais utilizados na maioria das pesquisas. Levando em consideração uma população de 150 mil pessoas, a ferramenta calculou uma amostra de 384 participantes para que os resultados de um trabalho relacionado à referida população possam ser um reflexo bastante próximo da realidade. Ou seja, os resultados das variáveis observadas na amostra de 384 pessoas, terão 95% de chance de representar a população de 150 mil.

Agora talvez você deva estar se perguntando: mas o que são variáveis? Variáveis são quaisquer características observadas na sua amostra (sexo, idade, peso, etnia, dosagem de glicose, nível de estresse etc.). Vamos ler um pouco sobre elas?

Variáveis

Existem dois tipos básicos de variáveis que você provavelmente coletará em seus estudos: as numéricas e as categóricas. Grosso modo, as variáveis numéricas são aquelas cujos resultados serão representados por "contagens". Exemplos de variáveis numéricas são a idade, quantidade de filhos, número de cigarros que fuma por dia, número de relações sexuais semanais, dentre outras. Já as variáveis categóricas são aquelas que dividirão a amostra do seu trabalho em uma ou outra categoria previamente definida (você já sabe que amostra é o número de indivíduos participantes ou número de eventos estudados). Exemplos de variáveis categóricas são a etnia (causasiano, pardo, negro, oriental), escolaridade (analfabeto, ensino fundamental etc.), renda familiar, time que torce, preferência sexual, dentre outras infinitas formas de se "categorizar" uma amostra. As variáveis numéricas ainda se dividem em discretas e contínuas, e as categóricas em nominais e ordinais (Figura 2). Mas, para esse momento, tal divisão será desconsiderada.

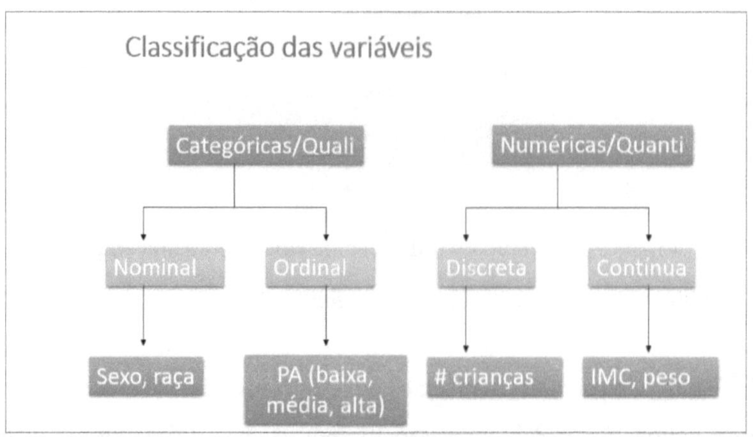

Figura 2: Subdivisão das variáveis numéricas e categóricas (# = número).

Variáveis numéricas deverão ser apresentadas por uma medida de tendência central, seguida de uma medida de dispersão (média e desvio-padrão, mediana e valores mínimo e máximo, dentre outras). Variáveis categóricas deverão ser apresentadas por frequência absoluta (número de ocorrências do evento) e relativa (percentual que estas ocorrências representam da amostra estudada).

Vamos imaginar uma amostra de 100 indivíduos. Se 80 deles são do sexo feminino, significa que as mulheres representam 80% da amostra estudada. Veja que 80 corresponde a quantidade de mulheres (frequência absoluta de mulheres) e 80% equivale à frequência relativa ao total da amostra estudada. Agora, digamos que você deseje saber quantas dessas mulheres são louras. Das 80 mulheres estudadas, 40 são louras e 40 são morenas. Sendo assim, 50% das mulheres atendem a característica que se deseja, ou seja, possuir cabelos louros (independente se naturais ou não!). Dessa maneira, 40 equivale à frequência absoluta de louras e 50% equivale a frequência relativa, ou seja, "quantos por cento" as 40 louras representam do total de 80 mulheres. Dessa maneira, não se esqueça de que qualquer variável que distribua sua amostra em uma ou outra categoria deverá, obrigatoriamente, ser apresentada nas duas frequências descritas.

Já com relação às variáveis numéricas, é muito importante apresentá-las, como dito, por uma medida de tendência central seguida por uma medida de dispersão. As duas principais medidas de tendência central são a média e a mediana. Para elas, correspondem respectivamente as medidas de dispersão denominadas desvio-padrão e valores mínimos e máximo. A média corresponde à soma dos valores disponíveis dividida pelo número de valores. A mediana corresponde a um valor que divide a amostra no mesmo número de elementos acima ou abaixo do valor da mediana. Mas... Quando usar a média? Quando usar a mediana? A escolha dependerá da maneira como os resultados se distribuem dentro de cada variável. E como poderá ser essa distribuição? Os dados poderão ter uma distribuição normal (também conhecida como paramétrica) ou anormal (também chamada de não-paramétrica). Simplificando, entenda como "dados com distribuição normal" aqueles mais ou menos homogêneos (bastante parecidos, dentro da curva de Gauss) e, "anormais", resultados numéricos de distribuição heterogênea (muito diferentes uns dos outros, fora da curva de Gauss).

Digamos que você está estudando uma população de 20 indivíduos para avaliar quantos deles possuem uma doença qualquer como, por exemplo, cálculos renais. É importante que você colete de todos os participantes os dados relativos ao sexo, idade e etnia, dentre outras variáveis específicas associadas aos fatores de risco para essa doença. Anotar sexo e idade é essencial para qualquer trabalho envolvendo pessoas e doenças. Nesse caso, coletar a etnia também é importante, pois essa variável pode influenciar no desfecho final que é ser ou não litiásico (portador de cálculos no trato urinário). E por que não se coletou, por exemplo, dados com relação à escolaridade? Porque a maioria dos estudos disponíveis não associa a escolaridade com o fato do indivíduo ser ou não litiásico. A escolha de quais variáveis avaliar dependerá de conhecimentos um pouco mais aprofundados sobre o assunto pesquisado.

Agora, voltemos ao estudo da variável idade... Sendo ela uma variável numérica, deveremos apresentá-la pela média ou pela mediana? Na realidade, se você dispuser de um programa estatístico, deverá utilizar o chamado "teste de normalidade" para que o programa decida se o dado é ou não paramétrico para, assim, escolher entre as duas medidas de tendência central apresentadas. Agora, caso você não tenha acesso a esses programas, poderá utilizar o próprio EXCEL® para realizar a escolha adequada. Inicie sempre a avaliação de sua variável numérica calculando a média. Em seguida, calcule o desvio-padrão, que mostrará para você a variabilidade da amostra. Caso o valor do desvio-padrão ultrapasse 30% da média, isso significa que sua amostra é bastante heterogênea para aquela variável e, por isso, deverá ser apresentada pela mediana e pelos seus valores mínimo e máximo. Fazer esses cálculos com a utilização do EXCEL® é muito fácil. Infelizmente, não é a proposta deste livro, e não dispomos de muito "espaço", para lhes ensinar as minúcias sobre a utilização da ferramenta. Porém, este pequeno tutorial poderá lhe ser útil para alguns cálculos simples. Vamos lá... Abra o EXCEL® e identifique o ícone "inserir função-fx", em destaque na Figura 3.

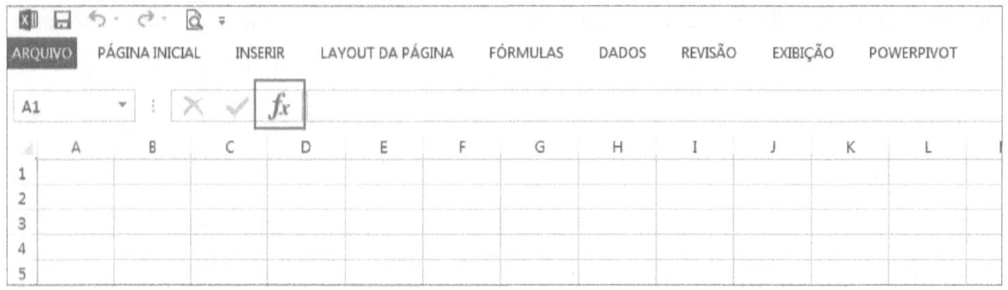

Figura 3: Tela inicial do programa EXCEL®, com destaque para o ícone de inserção de funções matemáticas e estatísticas.

Fonte: Microsoft Office 2013®. Microsoft Corporation, 2013.

Vamos fazer agora uma pequena demonstração que você poderá reproduzir no seu próprio computador. Após abrir o programa, insira os valores 10, 11, 10, 12 e 14 em uma mesma coluna, conforme demonstrado na Figura 4. Agora, clique no *fx* e, após abertura da caixa de diálogo, selecione a categoria de função "estatística". Nesse momento, uma nova caixa de diálogo se abrirá, onde você poderá escolher calcular a média, a mediana, a moda, o desvio-padrão, os valores mínimo e máximo, dentre outras possibilidades.

Figura 4: Seleção de funções estatísticas no EXCEL®.

Fonte: Microsoft Office 2013®. Microsoft Corporation, 2013.

Após escolher o que quer calcular (nesse caso, a média), uma nova caixa de diálogo se abrira para que então você diga ao programa quais são os valores dos quais você deseja extrair a média. Nesse momento, basta clicar sobre o primeiro valor, arrastar o cursor até o último valor, e soltar o botão do *mouse*. Ao clicar em OK (Figura 5), a média será automaticamente calculada. O mesmo procedimento servirá para o cálculo da mediana e da moda, além das medidas de dispersão, bastando para tal, ao invés de selecionar "MÉDIA" na função estatística, selecionar "MED" para mediana, "DESVPAD" para desvio-padrão e "MINIMO" e "MÁXIMO" para valores mínimo e máximo, obviamente. É claro que, dependendo da época em que você esteja lendo este capítulo, a Microsoft poderá ter alterado completamente o *layout* do EXCEL®, embora acreditemos que, na essência, a forma de selecionar e realizar os cálculos não deverá ser muito diferente da que apresentamos por aqui.

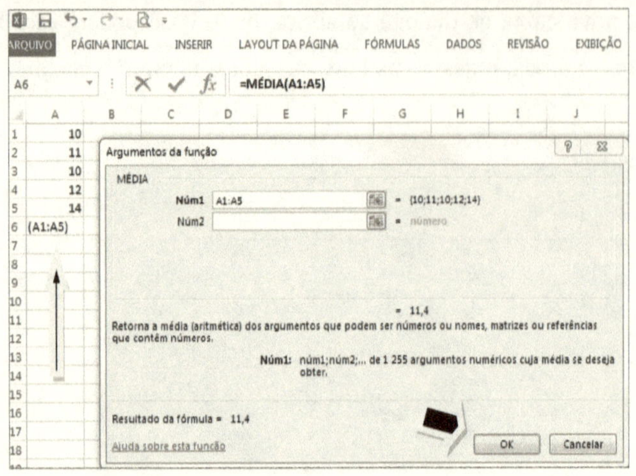

Figura 5: Cálculo da média.

Fonte: Microsoft Office 2013®. Microsoft Corporation, 2013.

Não se esqueça de que todas as variáveis numéricas deverão ser apresentadas usando-se média e desvio-padrão ou mediana e valores mínimos e máximos. Média sozinha não vale nada! Sempre uma medida de tendência central deverá ser seguida de sua respectiva medida de dispersão, assim como frequência absoluta e relativa nunca se desgrudam! Saiba que algumas variáveis numéricas também poderão ser transformadas em categóricas, conforme discutido no capítulo de Estudos Observacionais, quando por exemplo, categorizamos as pessoas pela idade ou pelo número de cigarros que fumam por dia. De maneira resumida, se a idade for muito heterogênea (com indivíduos jovens e idosos na mesma amostra), você poderá categorizar a variável idade em faixas como, por exemplo, indivíduos de 20 a 30 anos, de 31 a 40 anos, de 41 a 50 anos, e assim por diante, apresentando as frequências relativa e absoluta para cada uma dessas, agora, categorias de idade. Uma terceira medida de tendência central é a moda, que na realidade corresponde ao número que mais se repete na amostra estudada. A necessidade de uso da moda, que dispensa medida de dispersão, deverá ser avaliada para cada situação.

Comparação entre variáveis numéricas

Quando você faz apenas um trabalho descritivo, de abordagem quantitativa, somente a apresentação das variáveis da maneira como descrita no tópico anterior talvez seja o suficiente. Todavia, quando da realização de trabalhos um pouco mais apurados, a comparação de resultados entre grupos diferentes, ou mesmo dentro do mesmo grupo em várias observações (antes e depois de um tratamento, por exemplo), testes de comparação entre as medidas de tendência central deverão ser utilizados.

Quando se faz uma comparação de dados, será necessário saber se essa comparação gerou um resultado estatisticamente significante, ou seja, é preciso identificar se existe uma real diferença entre os grupos avaliados ou mesmo entre as diferentes avaliações dentro do mesmo grupo. Os testes estatísticos que lhe serão apresentados à frente neste capítulo sempre se basearão no incompreendido, perseguido e temido "valor do p". É justamente esse valor que dirá se os dados são ou não estatisticamente diferentes! Normalmente considera-se o $p=0,05$ como valor de corte para se dizer se uma diferença é ou não importante no âmbito da estatística. Se o p for menor do que 0,05, considera-se que existe diferença estatisticamente significante entre os números comparados. Caso seja maior do que 0,05, considera-se que tal diferença não é estatisticamente significante. Existirão trabalhos que considerarão valores de p diferentes dos aqui apresentados. Tais definições se baseiam no nível de confiança que se espera para cada tipo de comparação, conforme comentado no parágrafo sobre cálculo amostral. Isso dependerá, por exemplo, do tamanho da sua amostra, dos perfis analisados, bem como da quantidade e classificação das variáveis envolvidas. Vale lembrar que ser estatisticamente significante não significa que determinada diferença será clinicamente relevante, devendo sempre os resultados serem interpretados com cautela.

A seguir, indicamos o tipo de teste que deverá ser empregado para cada tipo de comparação que se deseja realizar. Alguns deles poderão ser realizados utilizando-se o próprio EXCEL®. Outros necessitarão da utilização de programas estatísticos mais específicos. Todos eles fornecerão, ao final, um valor de p, que deverá ser interpretado como significante ou não, dependendo da situação. Antes de escolher o teste será importante saber se os dados apresentam ou não distribuição paramétrica. A melhor forma de fazê-lo, como dito, é "passando" seus dados pelo "*normalit test*", também conhecido como teste de Kolmogorov-Smirnov, caso você disponha de um pacote estatístico instalado em seu computador. Se você não tiver acesso a tais programas, veja se o desvio-padrão é maior ou menor do que 30% da média, conforme já apresentado.

Comparação de dados com distribuição paramétrica (normal, homogênea, dentro da curva)

Quando você for comparar duas situações dentro do mesmo grupo, por exemplo, níveis glicêmicos antes do tratamento e depois do tratamento com um medicamento qualquer, nível de estresse antes e depois da exposição a determinado fator, perfil lipídico antes e depois de um programa de treinamento, dentre outras inúmeras situações, utiliza-se o "teste t pareado" (*paired t-test*).

Quando for necessário comparar dois grupos diferentes, por exemplo, níveis glicêmicos entre um grupo tratado e um grupo não tratado com um medicamento qualquer, nível de estresse entre um grupo exposto e outro não exposto a determinado fator, perfil lipídico entre um grupo de indivíduos treinados e outro de não treinados, etc., utiliza-se o "teste t não pareado" (*t-test*).

Se você desejar realizar a comparação entre três ou mais situações dentro do mesmo grupo, por exemplo, níveis glicêmicos antes do tratamento, depois do tratamento A e, em seguida, depois do tratamento B; nível de estresse antes da exposição a qualquer fator, após a exposição ao fator A e, em seguida, após exposição ao fator B; perfil lipídico antes de qualquer programa de treinamento, depois do programa de treinamento A e, logo após, depois do programa de treinamento B, utiliza-se a "análise de variância em medidas repetidas" (*one way RM anova*).

Quando seu desejo for comparar três ou mais grupos diferentes, por exemplo, níveis glicêmicos do grupo sem tratamento, do grupo tratado com o medicamento A, e do grupo tratado com o medicamento B; nível de estresse do grupo sem exposição a um fator qualquer, do grupo exposto ao fator A, e do grupo exposto ao fator B; perfil lipídico do grupo sem treinamento, do grupo que seguiu o programa de treinamento A, e do grupo que seguiu o programa de treinamento B, além de incontáveis outras situações, utiliza-se a "análise de variância" (*one way anova*).

Comparação de dados com distribuição não-paramétrica (anormal, heterogênea, fora da curva)

Valendo-se aqui exatamente dos mesmos exemplos fornecidos para dados paramétricos, mas considerando agora que os dados têm distribuição não-paramétrica, veremos que o teste aplicado mudará:

Comparação entre duas situações dentro do mesmo grupo: "*signed rank test*" (teste de *Wilcoxon*).

Comparação entre dois grupos diferentes: *"rank sum test"* (teste de *Mann-Whitney*).

Comparação entre três ou mais situações dentro do mesmo grupo: *"RM anova on ranks"* (teste de *Friedman*).

Comparação entre três ou mais grupos diferentes: *"anova on ranks"* (teste de *Kruskal-Wallis*)

Infelizmente, o EXCEL® não realiza a maioria desses testes, com exceção dos *testes t*, que poderão ser realizados com facilidade. Todavia, existem algumas versões "demo" dos principais programas estatísticos que podem ser baixadas da *internet* e utilizadas em seu equipamento pessoal. Nós, particularmente, utilizamos muito o *MedCalc Clinical Calculations* (https://www.medcalc.org/), embora outros como o *Sigma Stat* (http://sigmastat.software.informer.com/3.5/) e o *R* (https://www.r-project.org/) também poderão ser testados.

Para realizar o *teste t*, basta selecioná-lo como função estatística (Figura 4), marcar as duas colunas que se deseja comparar, escolher o número de caudas (normalmente duas), o tipo de teste (pareado ou não), e clicar em OK (Figura 6), quando então o valor de p lhe será fornecido. Relembrando, sendo menor do que 0,05 (o que não é o caso deste exemplo, onde p=0,59, não demonstrado), as amostras serão estatisticamente diferentes. Caso seja maior do que o referido valor, a interpretação se baseará no fato de que não existe diferença estatisticamente significante entre as amostras comparadas.

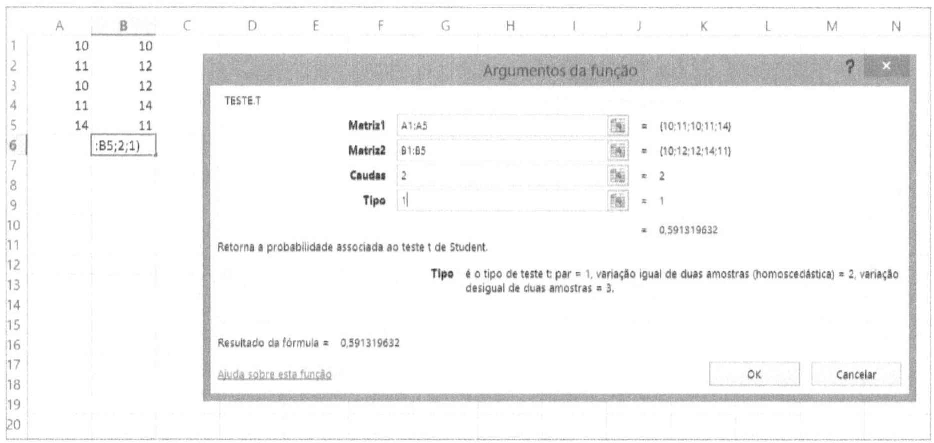

Figura 6: Aplicação do *test t*.

Fonte: Microsoft Office 2013®. Microsoft Corporation, 2013.

Avaliação de variáveis independentes sobre uma variável dependente

Nós havíamos prometido não complicar o assunto. Então nos deixe explicar inicialmente a diferença entre os dois grupos de variáveis aqui citados. Entenda por variável dependente (também conhecida como variável resposta ou desfecho), como aquela de dependerá de uma série de outros fatores para acontecer ou não, sendo ela a principal variável do seu estudo. Exemplos de variáveis resposta (dependentes) seriam "ser ou não hipertenso", "ser ou não diabético", "ter ou não tuberculose", "evoluir ou não para insuficiência renal", "realizar adequadamente ou não um procedimento qualquer", "morrer ou não", "desenvolver ou não desenvolver um tumor qualquer", dentre outras condições. Na maior parte das vezes, a sua variável resposta fará parte do próprio título do trabalho, já que representa o principal fenômeno que se pretende estudar. Já as variáveis independentes (também chamadas de variáveis explicativas), são aquelas que podem influenciar ou mesmo até estar diretamente associadas ao "sim" ou "não" dado como resposta à variável dependente como, por exemplo, os fatores de exposição ou fatores de risco que podem influenciar na instalação de determinado quadro ou doença (exemplo: fumar ou não fumar → câncer de pulmão, sendo o fumo um fator independente (explicativo), que pode ou não estar envolvido com o desenvolvimento de um câncer no pulmão, que é a variável dependente ou resposta).

Se você realizar um trabalho onde apenas um único fator de risco (variável independente) está envolvido com o aparecimento ou não de uma doença (variável resposta), você deverá utilizar um teste estatístico denominada "análise univariada", que verifica apenas a relação de uma variável independente com uma variável resposta. Tome cuidado pois, dependendo do programa que você utilizar, essa mesma análise poderá denominar-se "análise bivariada", já que se trata da relação entre duas variáveis ao mesmo tempo, no caso a independente e a resposta. De qualquer maneira, independentemente da nomenclatura, a essência do teste será a mesma. Agora, quando você realizar um trabalho onde inúmeros fatores de risco (variáveis independentes) podem estar envolvidos no resultado da sua variável resposta (o que acontece na maioria dos estudos), você deverá verificar como esses fatores atuam conjuntamente na resposta final. A maneira mais adequada de fazê-lo é avaliar cada fator de risco individualmente por meio de uma análise univariada e, a seguir, todos os fatores que apresentarem relação positiva com a sua variável resposta deverão ser avaliados ao mesmo tempo por um novo teste, denominado "análise multivariada".

Na análise multivariada, o efeito de todas as variáveis independentes selecionadas será avaliado simultaneamente sobre a variável resposta, permitindo averiguar se cada variável em análise pode ser afetada pelo efeito das demais. Ou seja, utilizando esse teste você poderá, entre outras aplicações, verificar a "força de impacto" de uma ou mais variáveis independentes sobre a sua variável dependente. Vale lembrar que é muito comum observarmos que variáveis dependentes que influenciavam uma variável resposta na análise univariada, perdem sua importância quando se faz uma análise multivariada. De qualquer maneira, seu orientador, ou seus parceiros de pesquisa, caso você já seja um professor (quem não tem um amigo bom de estatística nessa vida?), lhe ajudarão sobre a necessidade ou não de utilização das análises aqui descritas. Qualquer programa estatístico realiza facilmente tais avaliações, que poderão ser bastante úteis para incrementar a análise dos resultados do seu trabalho.

Análise de comparação entre proporções (teste do Qui Quadrado e teste Z)

Agora pensemos o seguinte: será que as proporções de ocorrência de um determinado evento, comparando-se dois grupos distintos, apresentam diferença estatisticamente significante? Uma das formas mais simples de chegar a essa conclusão é formulando uma das seguintes hipóteses: que não, os grupos apresentam valores "idênticos"; ou que sim, os grupos são diferentes, mesmo que apresentem semelhanças em relação às suas características.

O método estatístico que classicamente é utilizado para verificar tal pendência é conhecido como Qui Quadrado (x^2), usado quando as variáveis forem categóricas nominais. Esse teste, por sua vez, avalia a associação entre dados quantitativos, preferencialmente quando você dispuser de uma amostra superior a 30 elementos. Basicamente esse teste serve para:

1 - Verificar se a frequência com que um determinado fator, acontecimento, ou variável, observado em uma amostra (grupo), se desvia significativamente ou não da frequência com que ele é esperado (já tendo sido observado em um grupo semelhante);

2 - Comparar como diversos acontecimentos se comportam em diferentes amostras para avaliar se as proporções observadas destes eventos mostram ou não diferenças, ou se as amostras diferem significativamente quanto à ocorrência desses acontecimentos.

É necessário que, neste caso, você formule hipóteses para aplicação do teste. Essas hipóteses são definidas como NULA (ou H0), onde você deve afirmar que não há diferença entre o que você observou e o que era de se esperar, ou sua hipótese pode ser VERDADEIRA (também chamada de hipótese alternativa ou H1), onde as frequências são diferentes daquilo que você esperava. Vamos imaginar o seguinte exemplo para aplicação do teste de Qui Quadrado, levando-se em consideração a proporção de indivíduos hipertensos entre uma população A e B. Digamos que na população A, foi verificada uma frequência relativa de 30% de hipertensos, e na população B, uma frequência de 26%. Seriam essas prevalências estatisticamente diferentes? Aplicando-se o teste do Qui Quadrado, o programa estatístico fornecerá como resposta um "sim", significando que as frequências são diferentes, ou um "não", significando que as frequências, ao menos do ponto de vista estatístico, não diferem entre si.

Para calcular se uma proporção difere ou não de outra, quando seus dados forem paramétricos, uma outra boa proposta é o teste Z. No teste Z para proporções, os dados se apresentarão na forma de porcentagem (ou proporção) de elementos com uma determinada característica, que será testada em relação à porcentagem alegada para a população. Mas como saber se há ou não diferença?

Muitos pesquisadores descrevem seus trabalhos com os famosos: H0 (H zero) - significa que não haverá aparentemente, do ponto de vista "estatístico", diferença entre a amostra A e B; ou H1 (HÁ diferença, ou ainda hipótese alternativa), que significa que, de acordo com o valor, estima-se uma diferença entre os grupos. De uma forma bem resumida, após o pesquisador estabelecer o parâmetro em % ou valor decimal (geralmente 95%, o que equivale a 0,05), estabelecemos uma série de cálculos cujos resultados, de acordo com o valor das amostras testadas, dirão se devemos aceitar o H0 ou o H1. Achou confuso? Para melhor elucidar este parágrafo, observe a Figura 6. Imagine que a área RA (região de aceitação) compreende numericamente valores que estão dentro de 95% do esperado. Logo, se os cálculos estiverem dentro dessa área, nós aceitamos o H0 e rejeitamos o H1. E o que isso significa? Que "não haverá diferença estatística entre os grupos testados". Agora, caso os valores se encontrem na área da região crítica (RC), neste caso, aceitamos o H1e inferimos que há uma diferença entre os grupos testados.

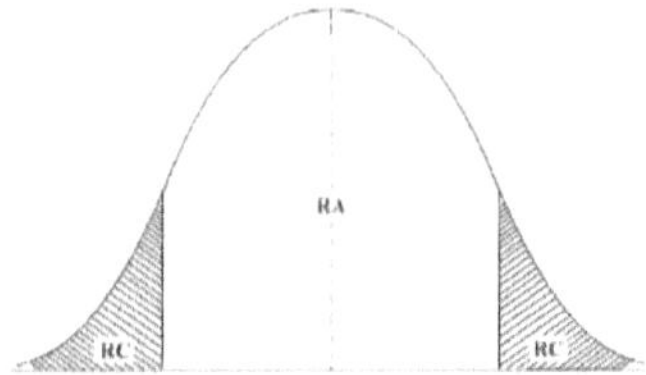

Figura 6: Teste do Qui quadrado.

Imagine que a área RA, compreenda valores que são vistos em 95% dos casos esperados, em um teste bicaudal (se há diferença para melhor ou pior, por exemplo). Caso os valores dos testes estejam compreendidos na região RC, aceitamos o H1. Uma das formas de fazermos esses testes e chegarmos a esses "valores" seria pelo *teste t* (já citado, e preferencialmente para pequenas amostras), e pelo teste Z (distribuição normal).

Vamos imaginar que você observou a frequência de dengue em 10% dos homens adultos em uma amostra de 200 homens. De acordo com outros estudos, a frequência esperada em amostra similar era de 12%. Será que há uma diferença entre a sua pesquisa e o que já tinha sido pesquisado anteriormente, admitindo um teste Z de 95%?

Em primeiro lugar, devemos propor o H0 (10% não se difere estatisticamente dos 12%) e o H1 (10% difere-se estatisticamente dos 12% já identificados em estudos anteriores). Para fazer o teste Z para as proporções, a fórmula seria:

$$Z_{CALC} = \frac{f - p_0}{\sqrt{\dfrac{p_0 \cdot (1 - p_0)}{n}}}$$

Onde Z calculado = f (frequência observada na sua pesquisa) – p0 (valor da porporção da população) e n = nº de pesquisados na sua amostra. Nesse caso, 10-12 / raiz de 12x (1-12) / 200 = -2,5. Como -2,5 é menor que o valor que separa a região crítica, pois quando sugerimos que o teste teria 95% do esperado, esse valor significa, dentro da curva, um valor médio em desvios-padrão de 1,96. Logo, por se tratar de um teste bicaudal, vai de -1,96 até +1,96.

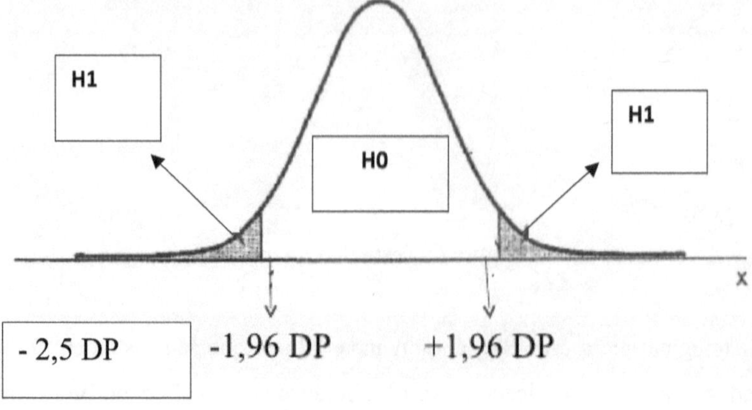

Como o teste Z revelou um valor de -2,5, e esse valor é menor que -1,96 e 1,96, nós rejeitamos o H0, pois não estaria dentro da área de aceitação do H0.

Conclusões

Nós poderíamos ficar a vida toda discutindo com você uma série de testes estatísticos, um mais chato do que outro. Todavia, de maneira alguma essa é a nossa intenção. Gostaríamos que, ao final da leitura deste capítulo, você fosse capaz de diferenciar população e amostra, que você soubesse diferenciar variáveis numéricas e categóricas, que conseguisse apresentar estas variáveis de forma correta, aplicando adequadamente as frequências absoluta e relativa, assim como as medidas de tendência central e de dispersão. Ainda, adoraríamos que você soubesse ao menos realizar um *teste t*, inclusive acertando na escolha do pareado ou não pareado, bem como conseguisse realizar um teste do qui-quadrado. Mas, se você ainda não conseguiu, relaxe... Estatística é assim mesmo: nunca foi, não é, e nunca será legal. Dificilmente alguém consegue acertar o "pulo do gato" assim, de primeira. Sugestão? Feche o livro, vá fazer alguma coisa mais legal do que ler sobre estatística e, quando estiver descansado, calmo e focado, leia tudo novamente e com calma, fazendo os testes no seu computador. Uma hora ou outra você vai ficar craque no assunto, e vai até ensinar seus colegas, quando então estará preparado para estudar os testes estatísticos mais complexos, e que não fazem parte do escopo deste pequeno resumo. Divirta-se!

REFERÊNCIAS (leitura complementar)

ARANGO, H. G. Bioestatística: teórica e computacional. Rio de Janeiro: Guanabara Koogan, 2009.

PAES, A. T. Por dentro da Estatística: análise univariada e multivariada. Educ Contin Saúde, v.8, n.1, p.1-2, 2010.

JOHNSON, R.A.; WICHERN, D.W. Applied multivariate statistical analysis. 4. ed. New Jersey: USA: Prentice Hall, 1998.

VIEIRA, S. Introdução a Bioestatística. Rio de Janeiro: Elsevier, 2008.

Links de acesso a programas estatísticos

http://www.medcalc.org/download.php (MEDCALC)

http://epiinfo.codeplex.com/ (EPI INFO)

http://www.masiero.com.br/ferramentas/amostragem/form.html (Ferramenta para cálculo prévio de tamanho de amostra)

http://www.statisticalconsultants.co.nz/statssoftware.html

http://www.freestatistics.info/en/stat.php

PREPARAÇÃO DE ARTIGOS: DA ESCOLHA DA REVISTA À PUBLICAÇÃO!

Renato Ribeiro Nogueira Ferraz, Renan Antônio da Silva

Este é o último capítulo deste livro! Espera-se que você já tenha, antes de chegar até aqui, escolhido a modalidade de produção (Relato Técnico, Estudo de Caso, Estudo Observacional ou Revisão da Literatura), além de ter redigido todas as seções do seu trabalho, evidentemente observando as dicas fornecidas para cada seção nos capítulos específicos. O quê? Você ainda não fez nada disso? Então feche este capítulo e comece do começo! Não queira colocar o carro na frente dos bois!

Agora, se você já escolheu a modalidade de artigo que mais se enquadra na sua realidade de vida, selecionou o referencial teórico de maneira refinada com a ferramenta *Publish or Perish*, redigiu cada uma das seções do seu trabalho com base nas dicas fornecidas para cada parágrafo de cada uma das seções, e listou as referências adequadamente e de forma automatizada utilizando o *Zotero*, agora é hora de escolher uma revista científica para submeter o seu trabalho. Todavia, não se escolhe uma revista à revelia, no uni-duni-tê, na base da "minha mãe mandou" ... É necessário observar uma série de questões essenciais para que seu artigo seja aprovado, aceito pela revista, e publicado o mais rapidamente possível... Vamos a elas?

Como escolher a revista para enviar o seu artigo: avaliação da qualidade dos Resultados e do escopo dos periódicos

Existem dois tipos básicos de revistas: as generalistas e as especializadas. Entenda por uma revista generalista aquela que publica trabalhos sobre qualquer assunto dentro de uma grande área, como por exemplo, Saúde, Administração, Educação, dentre outras. Já uma revista especializada é aquela que publica artigos sobre temas mais específicos, já delimitados dentro de uma das grandes áreas de conhecimento.

A Figura 1 traz alguns exemplos de revistas generalistas e especializadas. Repare que, na fileira superior, temos exemplos de revistas generalistas, como a *Conscientiae Saúde* (que publica trabalhos na área de Saúde), a revista RACI (que aceita trabalhos na área de Administração), a Revista dos Mestrados Profissionais (que aceita trabalhos que sejam frutos de dissertações produzidas por alunos de Mestrados Profissionais), e a Revista de Ciências Médicas e Biológicas (que publica quaisquer trabalhos que se enquadrem nas duas áreas explicitas já no título do periódico). Já na fileira inferior, ainda na Figura 1, foram tomadas como exemplo a Revista *Kidney International* (que publica trabalhos sobre Nefrologia, que é uma das subáreas da Medicina), a revista *Urological Research* (especializada em artigos sobre litíase, que por sua vez é uma subárea da Nefrologia), a Remark (que foca nos trabalhos de *marketing*, considerada uma das subáreas da Administração), e a Revista Brasileira de Direito do Petróleo, Gás e Energia (mais especializada do que essa está para ser descoberta!).

Quando seu trabalho estiver finalizado, você deverá avaliar se o seu resultado é um resultado muito específico para uma determinada subárea do conhecimento, ou se ele é um resultado que pode contribuir de maneira genérica para uma das grandes áreas do conhecimento. Se for específico, mande para uma revista especializada! Agora, se for genérico, submeta-o para uma revista generalista. Se você fizer o contrário, provavelmente ele será negado já em uma fase inicial, denominada *desk review*, onde o editor da revista decide se o artigo deve ser encaminhado para avaliação dos pareceristas, ou se deve ser rejeitado de imediato. Portanto, não perca seu tempo, e envie seu artigo para a revista certa!

Um ponto a ser destacado é que, se possível, você deve escolher a revista para onde enviará o seu trabalho antes mesmo de começar a redigir o artigo, visto que você poderá selecionar o referencial teórico já com base na revista escolhida. Afinal, não custa nada citar alguns artigos sobre o tema do seu trabalho que já tenham sido publicados na própria revista na qual você pretende publicar. Trata-se de uma forma de reconhecer que o periódico apresenta certo grau de excelência na área, e de elevar a qualificação da revista visto que, quando citada, eleva-se o seu índice h, que por sua vez a mostra como "mais qualificada" no referido assunto perante a comunidade acadêmica. Essa dica, embora não seja obrigatória, muitas vezes poderá até "agilizar" o processo de aceitação inicial do seu trabalho para avaliação.

Figura 1: Exemplos de revistas generalistas e especializadas.

Indexação

Outro fator importante que deve ser observado no momento da escolha da revista é a presença ou não de indexação. Uma revista indexada é aquela que se encontra "alojada", que é reconhecida como importante, por uma ou mais bases de dados. Revistas que não possuem qualquer indexação em pelo menos uma base, por menos reconhecida que esta seja, são revistas consideradas "caseiras", e seus critérios para aceitação e publicação de artigos não são considerados lá muito científicos. Em muitas dessas revistas não existe sequer uma revisão do artigo antes da publicação, o que permite a divulgação de resultados duvidosos e, muitas vezes, mal escritos. Fuja dessas revistas! A Figura 2A mostra, do seu lado direito, as sete bases de dados onde a revista *Conscientiae Saúde* se encontra indexada, demonstrando o comprometimento do periódico com a qualidade dos textos oferecidos. Já a Figura 2B lista as vinte e duas bases onde está indexada a revista Ciência & Saúde Coletiva, um renomado periódico na área explícita no próprio título do periódico.

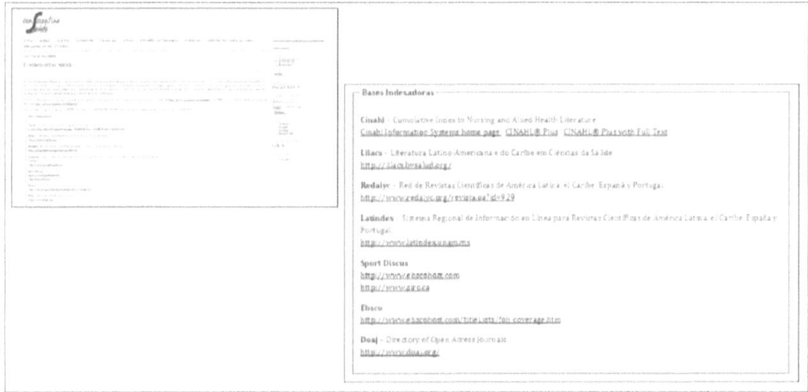

Figura 2A: Bases de indexação da revista *Conscientiae Saúde*.

Figura 2B: Bases de indexação da revista Ciência & Saúde Coletiva.

Qualis

Talvez um dos mais importantes índices para avaliar, ao menos em âmbito nacional, a qualidade de uma revista, seja o indicador Qualis. Ele determina, com base em uma série de critérios que não serão discutidos aqui, qual é a qualidade dos textos publicados para uma ou mais áreas específicas do conhecimento. Grosso modo, e de maneira bem simplificada, o sistema Qualis classifica os periódicos (dentro de uma área específica do conhecimento) da seguinte maneira: artigos A1 (sensacionais!), artigos A2 (maravilhosos!), artigos B1 (ótimos!), B2 (muito bons!), B3 (bons!), B4 (regulares...),

B5 (de qualidade discutível...) e C (sem qualidade...). Inclusive, com base no Qualis da revista onde um artigo foi publicado, você consegue avaliar a qualidade dos resultados apresentados em seu texto para uma área específica do conhecimento, e assim decidir se deverá incluí-lo ou não na sua lista de referências. A avaliação manual do Qualis pode ser utilizada em conjunto com a avaliação do número de citações recebidas pelo artigo, que pode ser obtida com o uso do *Publish or Perish*, discutido em um capítulo específico neste mesmo livro.

Vale salientar que "ser uma revista ótima em uma área", não significa que ela também será ótima nas outras áreas. Muitas vezes, o assunto central discutido em um artigo apresenta enorme relevância na área X, mas nenhuma relevância na área Y. E isso não significa que o seu conteúdo é necessariamente bom ou ruim. Significa que é bom ou ruim para uma ou outra área. Para exemplificar este fato, a Figura 3 mostra a classificação Qualis da Revista Transinformação, tida como "A1" em Ciências Sociais Aplicadas e como "C" em Ciência da Computação. E o que isso significa? Significa que os artigos publicados na referida revista são de extrema importância para a primeira área, e de nenhuma importância para a segunda. Dessa forma, não se pode generalizar a avaliação do Qualis de uma revista. O máximo que se pode chegar disso é a classificação na área Interdisciplinar, que para a revista Transinformação, na data de extração dos dados aqui apresentados, era tida como B1.

ISSN	Título	Estrato	Área de Avaliação	Classificação
0103-3786	Transinformação	A1	CIÊNCIAS SOCIAIS APLICADAS I	Atualizado
0103-3786	Transinformação	B1	ADMINISTRAÇÃO, CIÊNCIAS CONTÁBEIS E TURISMO	Atualizado
0103-3786	Transinformação	B2	EDUCAÇÃO	Atualizado
0103-3786	Transinformação	B1	INTERDISCIPLINAR	Atualizado
0103-3786	Transinformação	C	CIÊNCIA DA COMPUTAÇÃO	Atualizado
0103-3786	Transinformação	B5	CIÊNCIAS BIOLÓGICAS I	Atualizado
0103-3786	Transinformação	B1	ENGENHARIAS I	Atualizado
0103-3786	Transinformação	B1	ENGENHARIAS III	Atualizado
0103-3786	Transinformação	B3	SAÚDE COLETIVA	Atualizado
0103-3786	Transinformação	B4	SOCIOLOGIA	Atualizado

Figura 3: Qualis da revista Transinformação nas diversas áreas do conhecimento.

A ferramenta para verificação do Qualis de um periódico, o chamado Webqualis, foi recentemente incluída na Plataforma Sucupira, mantida pelo Ministério da Educação. A Figura 4 mostra a tela atual para acesso e verificação do Qualis de um periódico. Inicialmente deve ser selecionado o Evento de Classificação (escolha sempre o mais recente), a Área de Avaliação (escolha a área do conhecimento onde você realmente tem intenção de contribuir), e em seguida digite o ISSN no periódico (menor chance de errar) ou o seu nome (se digitar errado você não terá retorno das informações solicitadas). Depois disso, é só clicar em consultar que o sistema lhe retornará uma tela semelhante à apresentada na Figura 1. É só tentar! Adicionalmente, uma lista com todos os periódicos e suas classificações dentro de uma área específica, selecionados inclusive pelo Qualis específico, poderá ser obtida com base na seleção do ícone "Classificação".

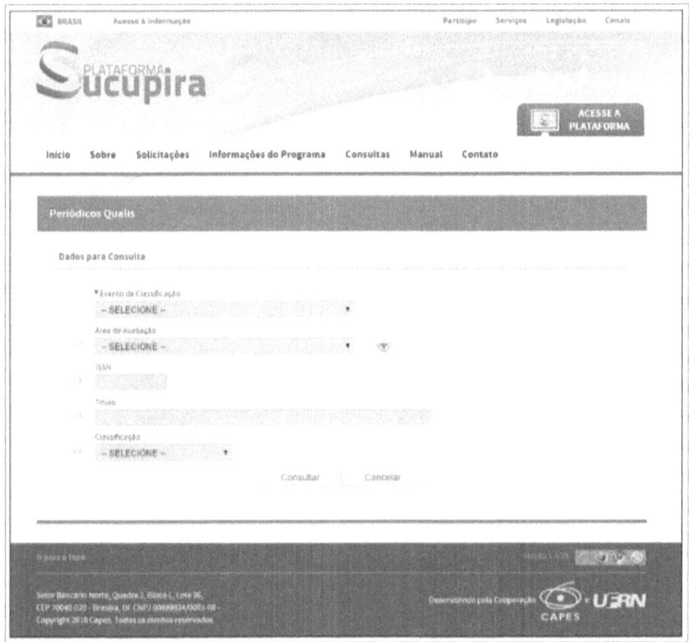

Figura 4: Tela para consulta do Qualis de uma revista científica.

Periodicidade

Outra dica que deve ser observada no momento da escolha da revista para publicar o seu artigo, é justamente a sua periodicidade. De maneira resumida, quanto maior a periodicidade (número de edições ao longo de um ano), teoricamente mais rápido seu artigo poderá ser publicado, evidentemente se for aceito. Revistas como a Ciência & Saúde Coletiva, que publicam doze edições ao ano, sendo, portanto, de periodicidade mensal (Figura 5), devem ser preferidas às revistas quadrimestrais, que publicam apenas três edições ao ano, como a Revista de Ciências Médicas e Biológicas (Figura 6). Existem ainda revistas semestrais, que publicam apenas duas edições anuais.

Dessas, aconselha-se fugir, especialmente se você pretende alavancar rapidamente a sua produção acadêmica.

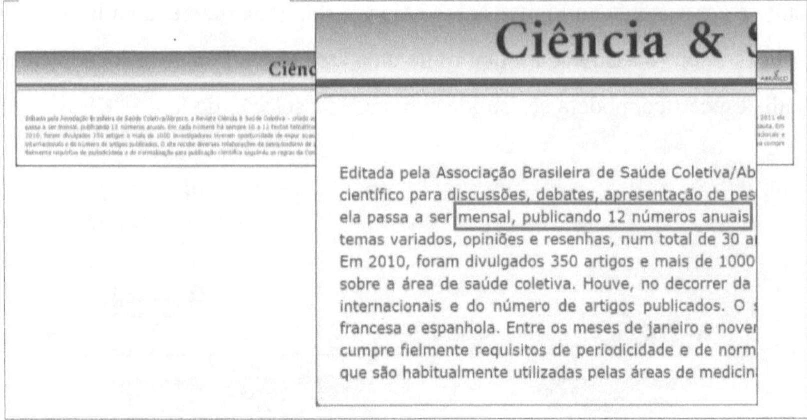

Figura 5: Exemplo de revista com periodicidade mensal.

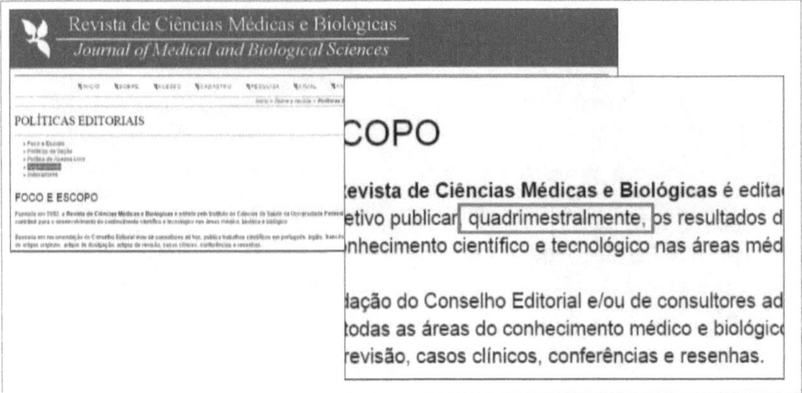

Figura 5: Exemplo de revista com periodicidade quadrimestral.

Revistas que estão ou não em dia com a liberação dos números

Existem algumas revistas que apresentam sérios problemas gerenciais. E dentre eles, talvez o mais complexo seja o fato de que alguns periódicos não conseguem liberar suas edições no prazo determinado para tal, seja porque os revisores não devolvem os textos em tempo hábil, seja porque os editores estão enrolados com outros afazeres, dentre os mais diversos motivos. Entenda o seguinte... Se você é uma revista trimestral, no final de um ano qualquer você deverá liberar a quarta edição do referido ano. Se você deixar para soltar o quarto número do ano corrente somente no ano seguinte, já está caracterizado o atraso na liberação dos números, e isso prejudica não somente as revistas (que podem ser mal avaliadas), mas também os autores que a elas submetem trabalhos. Um pesquisador tem metas de publicação a cumprir, e não pode ficar dependendo de uma revista desorganizada para atingir sua pontuação. Dessa forma, antes de escolher um periódico para publicar, verifique se ele está em dia com a liberação de seus números. Se não estiver, e você estiver precisando publicar rapidamente, procure outro. Se você não tiver pressa, daí é sugerido avaliar a situação e decidir com calma se vale à pena esperar a resolução do atraso, já que a revista pode ser importante para a sua área de atuação. A Figura 6A mostra um exemplo de revista que estava com onze meses de atraso na liberação de seus números, visto que em agosto de 2015 ela não havia ainda liberado o terceiro número do ano de 2014. Já a Figura 6B mostra uma revista rigorosamente em dia com a liberação de seus números, já que desde janeiro de 2015 ela já havia liberado o primeiro número do referido ano.

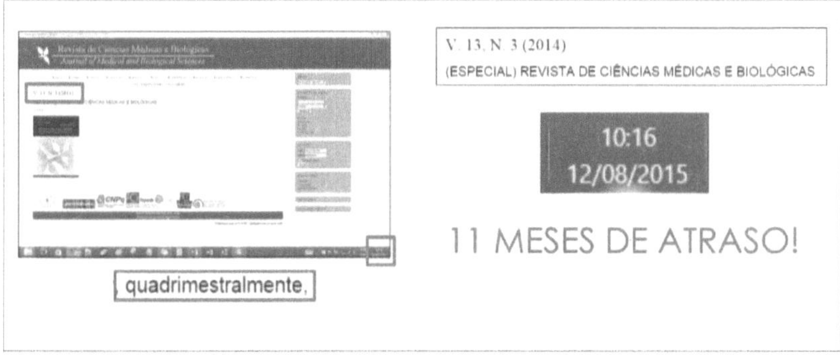

Figura 6A: Exemplo de situação onde a revista não está em dia com a liberação de seus números.

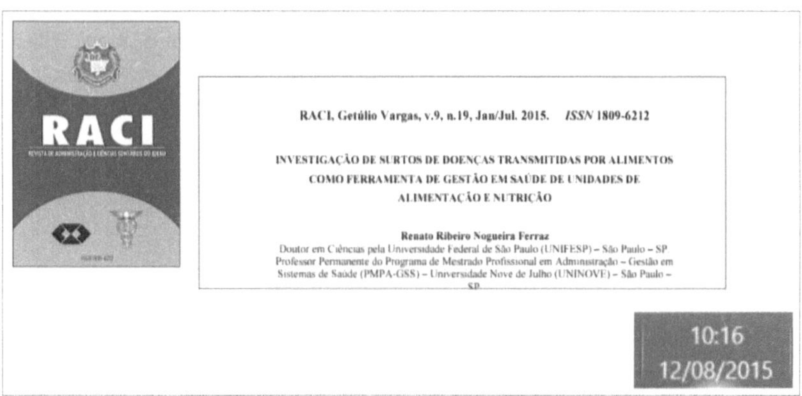

Figura 6B: Exemplo de situação onde a revista se encontra rigorosamente em dia com a liberação de seus números.

Tempo médio entre a data de submissão e a data de aceitação e publicação de um artigo

Além da observação do fato da revista estar em dia ou não com a liberação dos números, outra importante informação está relacionada ao tempo decorrido entre a submissão dos trabalhos nela publicados, sua aceitação e posterior publicação. A Figura 7A traz o exemplo de uma revista cujo artigo foi submetido em julho de 2005, aceito em junho de 2006 (11 meses de espera!), e publicado apenas em agosto do mesmo ano. Embora se trate de uma importante revista da área médica, muitas vezes o pesquisador não está interessado em esperar um ano para publicar seus artigos. E essa situação decorre especialmente do fato de que os revisores, muitas vezes, demoram para devolver os artigos com as solicitações de melhoria que lhe são solicitadas. Já na figura 7B temos um claro exemplo de revista que recebe, avalia e publica os artigos por ela recebidos muito rapidamente. No exemplo, o artigo recebido em maio de 2015 foi publicado após apenas um mês! Dessa forma, se você tem interesse em aumentar sua produtividade rapidamente, além de escolher uma revista em dia com seus números, você deve acessar um artigo do número atual, e verificar a data de submissão, aceitação e aprovação de seus manuscritos.

Porém, vale lembrar que cada autor deverá decidir por si só qual será a estratégia que melhor se adeque à sua situação de vida. Esperar para publicar em uma revista mais bem qualificada, mas que demora para responder, ou publicar numa revista de menor qualificação, mas que responde rápido. O bom é encontrar uma revista bem qualificada e rápida na resposta! Não custa tentar! É só acessar o Webqualis e se aventurar na procura!

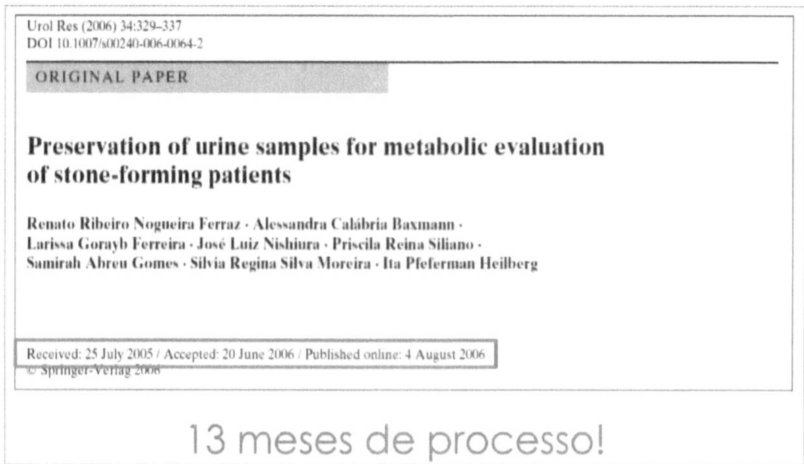

Figura 7A: Exemplo de revista que demora em média um ano entre a submissão e publicação do artigo.

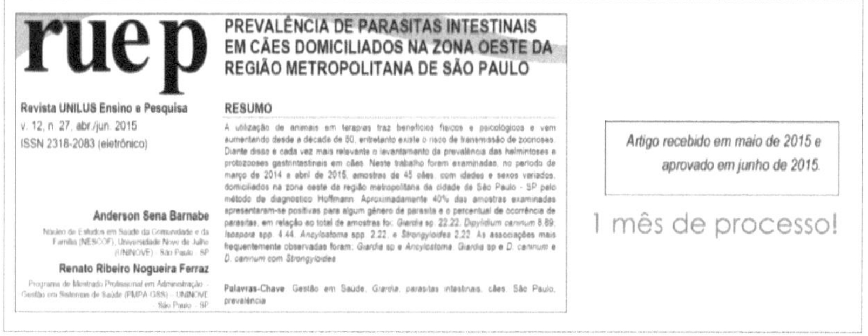

Figura 7A: Exemplo de revista que demora em média apenas um mês entre a submissão e publicação do artigo.

Dicas para formatação do texto

As regras para formatar um artigo científico devem ser rigorosamente obedecidas. Caso você resolva ser rebelde, é provável que o seu artigo nem chegue às mãos do parecerista do seu TCC, ou mesmo do editor da revista, a quem cabe a decisão de enviá-lo aos revisores ou rejeitá-lo de imediato. Regras existem para serem seguidas. O autor de um artigo não deve discutir se estão certas ou erradas, tão pouco se são as mais adequadas. Deve apenas formatar seu trabalho conforme as orientações da revista ou do manual da Instituição de Ensino à qual o estudante esteja vinculado.

Se você estiver pensando em submeter seu artigo para publicação em uma revista científica, deverá entrar no *site* do periódico e descobrir onde as regras de formatação estão descritas. A Figura 8 se refere ao *link* de acesso a tais informações na Revista Acadêmica São Marcos (RASM). Na página principal, basta clicar no *link* "Sobre", e logo a seguir, no *link* "Diretrizes para Autores". Depois não tem segredo! O tamanho das margens, o espaçamento entre as linhas, o alinhamento do texto, o tipo e tamanho da fonte, o número mínimo e máximo de palavras do resumo e do *abstract*, o número de palavras-chave e de *keywords*, se estas devem ser separadas por vírgula ou por ponto e vírgula, se os parágrafos devem ou não ser tabulados, onde inserir a numeração de páginas, quais são os títulos das seções, dentre outros pormenores, estarão todos muito bem descritos na página de cada periódico. E vale lembrar que cada revista apresenta um conjunto de exigências que, normalmente, diferem entre elas. Portanto, não seja preguiçoso! Acesse e leia as diretrizes para os autores!

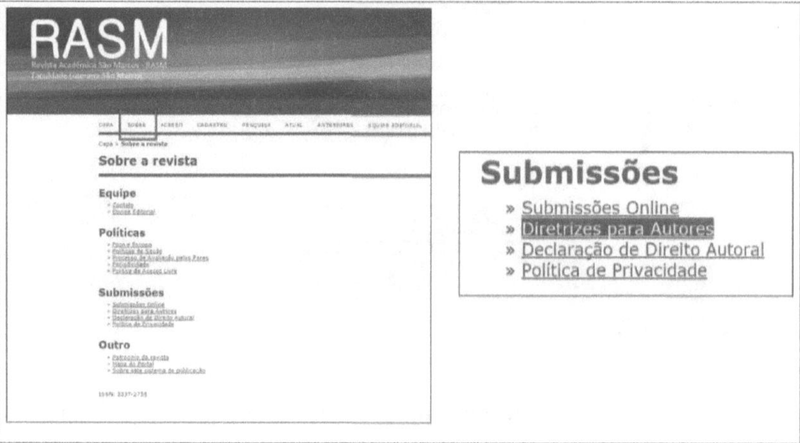

Figura 8: *Links* para acesso às regras de formatação para artigos submetidos à Revista Acadêmica São Marcos.

Como agradar ao Editor e aos Pareceristas?

Para os pesquisadores mais antigos, talvez este tópico possa parecer desnecessário e um tanto quanto pretencioso. Mas, ao longo do tempo, é possível notar que as revistas, para galgarem alguns degraus no sistema Qualis de classificação de periódicos, têm procurado obedecer a determinadas regras que, grosso modo, vão definir seu grau de "qualidade". E não é segredo para ninguém que as revistas cujos artigos são geralmente citados por outros acabam sendo melhores "qualisficadas" no final de um período de avaliação. Dessa forma, não hesite em incluir no seu referencial teórico artigos da própria revista a qual você está submetendo seu trabalho, seja na sua

Introdução, Referencial Teórico (para artigos da área de Administração), ou Discussão. E não se esqueça de listá-los na seção de Referências! Para tal, utilize o POP (descrito em capítulo à parte). Na janela que solicita o nome do periódico, digite o nome da revista na qual você pleiteia a publicação. Na mesma tela, digite palavras-chave ligadas ao assunto do seu artigo na janela adequada para a estratégia de busca. Se aparecerem artigos, arrume um cantinho no seu texto para citá-los.

Quer ir mais além? Descubra o nome dos editores da revista. Tais informações podem ser vistas, na RASM, no mesmo *link* "Sobre", indicado na Figura 8. Após identificá-los, digite o nome desses editores na janela dedicada aos autores no POP. Se eles possuírem publicações na área relacionada ao assunto do seu artigo, cite-os! Veja... Se você fosse um pesquisador sobre qualquer assunto, e recebesse em sua revista um artigo sobre o assunto que você pesquisa, não gostaria de ver os artigos que você publicou citados nele? Pois é... Os editores também agradeceriam. E isso em nenhum momento fere quaisquer regras relacionadas à ética em trabalhos científicos. É lógico que, se não existirem artigos sobre o tema, você nem terá como citar os editores. Também não é para inventar as coisas!

Por fim, faça o mesmo com relação aos possíveis pareceristas. Na maioria das revistas está disponível uma lista com os nomes de todos os pesquisadores que colaboram com o periódico avaliando os artigos a eles submetidos. Está com tempo? Anote os nomes desses pesquisadores e tente encontrá-los na Plataforma Lattes (http://lattes.cnpq.br/), evidentemente se você estiver escrevendo para uma revista nacional. Avalie as linhas de pesquisa destes revisores e, caso identifique que algum deles trabalha com assuntos ligados ao tema do seu artigo, também não deixe de citá-los! Tenha certeza de que eles vão adorar. Afinal, se você escreve sobre um assunto, recebe um artigo sobre o mesmo assunto para avaliar, e verifica que o autor não citou você na lista de referências, é provável que o seu subconsciente (meio assim, sem querer...) rejeite o artigo.

Observação das regras para submissão de manuscritos

O capítulo está acabando! Você já escolheu a revista, seu manuscrito está perfeitamente formatado e atende às dicas para cada tipo de trabalho, além disso possui referencial refinado. Agora, basta verificar qual é o formato de submissão que a revista determina. Alguns periódicos, como a RACI (Figura 9A) e a *Science and Health* (Figura 9B), solicitam o envio do manuscrito por *e-mail*. Essa é a forma mais fácil de submissão, porém, é a que lhe fornece menos condições para acompanhar o processo de avaliação. Nestes casos, exija a confirmação de recebimento do manuscrito. Se a confirmação não vier, desconfie. Se você recebeu o *e-mail* de confirmação, aguarde duas semanas e envie novamente um e-mail perguntando sobre o andamento do processo de avaliação. Se não receber resposta, envie outro *e-mail*. Se a resposta não vier, envie uma nova mensagem declinando da submissão e escolha outra revista.

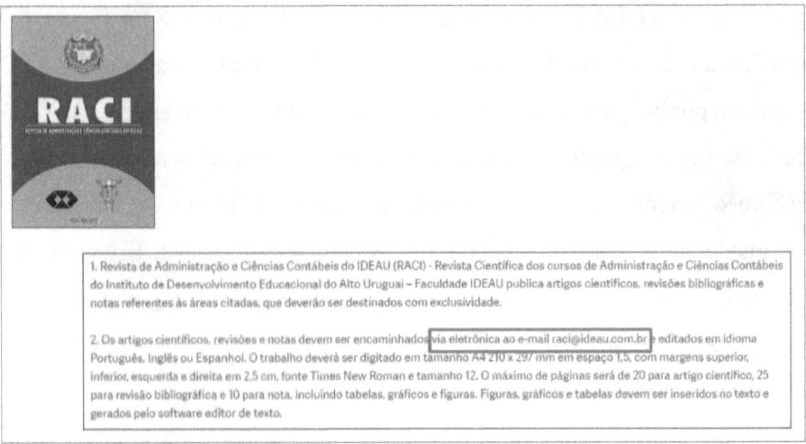

Figura 9A: Exemplo de revista que aceita a submissão de artigos por *e-mail*.

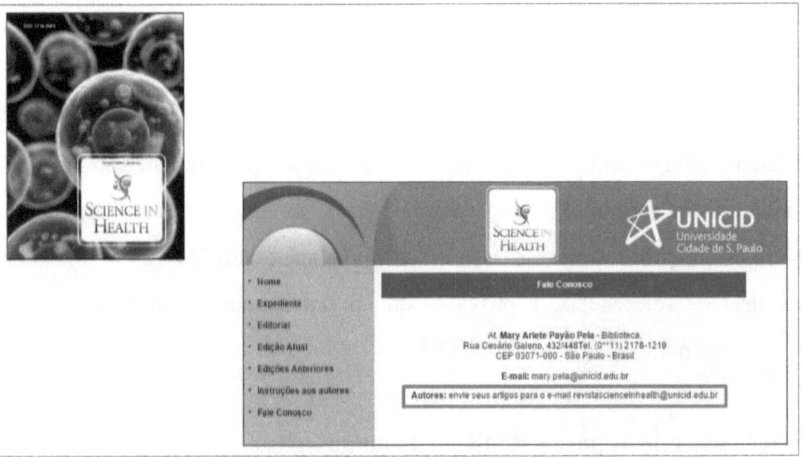

Figura 9B: Exemplo de revista que aceita a submissão de artigos por *e-mail*.

A forma mais comum (e mais transparente) de submissão de artigos é pela plataforma da própria revista, já que você consegue acompanhar o *status* do seu artigo sempre que desejar, ou seja, se ele ainda está aguardando designação (está parado na mão do editor), se está em avaliação (já foi enviado aos revisores), se está em edição, e assim por diante. Nesse tipo de revista, o autor do artigo deve se cadastrar no sistema (Figura 10) e iniciar a submissão do manuscrito (Figura 11).

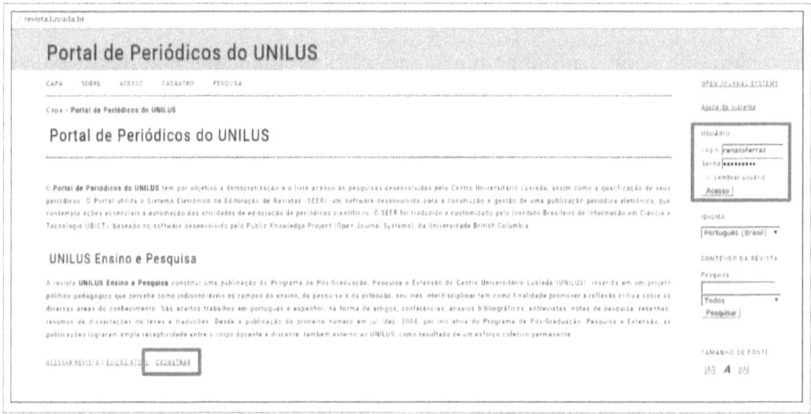

Figura 10: Tela de cadastro e acesso à revista UNILUS Ensino e Pesquisa.

Figura 11: Tela de submissão de artigos à revista UNILUS Ensino e Pesquisa.

Durante a submissão, tenha muita atenção em cada uma das etapas. Preencha adequadamente os nomes, departamentos e instituições de cada um dos autores. Tenha bastante cuidado na hora de copiar e colar o título e o resumo do trabalho! Algumas revistas ainda solicitam a inclusão à parte das palavras-chave e das referências. Antes de imputar o arquivo no sistema, clique com o botão direito do *mouse* sobre ele, depois clique em "Propriedades", depois em "Detalhes", depois em "Remover Propriedades e Informações Pessoais", marque todos os campos e, assim, você estará enviando um arquivo sem qualquer identificação, sendo este um ponto importante para revistas que trabalham no sistema de *blinded review*, ou seja, os revisores não sabem quem são os autores do artigo que irão avaliar, contribuindo assim para uma avaliação sem conflitos de interesse.

Atente-se para um detalhe muito importante! Na maioria das plataformas existe um espaço para que você, cordialmente, "converse" rapidamente com o editor da revista antes de concluir a submissão de seu trabalho. Muitos autores ficam com preguiça de deixar comentários e acabam ignorando uma importante oportunidade, já que o preenchimento não é obrigatório. Não seja mais um deles! Deixe um recado formal para o editor, cumprimentando-o, repetindo o título do artigo, e agradecendo a oportunidade de contribuir com a revista (Figura 12). É de bom tom e não vai lhe tomar muito tempo.

Figura 12: Exemplo de comentários que podem ser deixados para o editor no momento de submissão de um artigo.

Depois de imputar seu artigo no *site* da revista, verifique todas as informações enviadas, e clique em "Concluir submissão". É provável que você seja direcionado à uma tela semelhante a apresentada na Figura 13, onde será possível acompanhar o *status* do artigo, e inclusive realizar alterações se porventura estas, em algum momento, se fizerem necessárias.

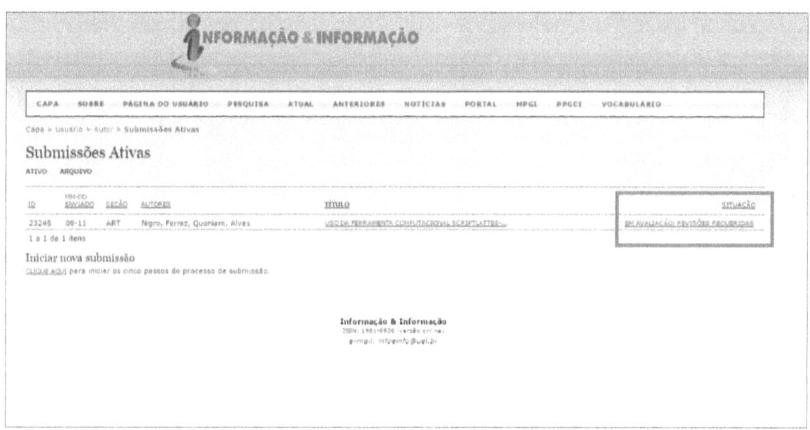

Figura 13: Tela para acompanhamento de submissões da revista Informação &
Informação.

Acompanhamento das submissões

Se você enviou seu artigo por e-mail, já lhe dissemos como proceder, solicitando confirmação de recebimento dos arquivos e cobrando o editor periodicamente. Com relação às submissões por plataforma, vale à pena aguardar 30 dias pela designação do trabalho. Se você entrar na plataforma depois desse período e verificar que ele ainda está "aguardando designação", vale mandar um *e-mail* formal ao corpo editorial perguntando sobre o *status* do artigo. Se ele não for designado, ou se você não obtiver a resposta em 15 dias, envie seu *e-mail* novamente. Se achar conveniente, telefone para a revista. Não havendo designação em 60 dias, sugere-se enviar um novo *e-mail* declinando da submissão e, então, escolher uma nova revista para submissão, começando novamente o processo. Mas, se você estiver escolhido a revista com base nas dicas dadas anteriormente com relação à periodicidade, ao fato de estar ou não em dia com a liberação dos números, dentre outros fatores, dificilmente será necessário declinar e submeter a outra revista. Veja como uma análise inicial do periódico poderá lhe poupar tempo e energia!

Comemoração!

Se você seguiu todas as etapas apresentadas desde o início do capítulo relacionado à modalidade de trabalho que mais se enquadrou ao dado que você possuía, avaliou adequadamente a revista para submissão, seu referencial está adequado, e se você respondeu adequadamente às questões levantadas por seus revisores, bem como atendeu às solicitações para melhoria do seu artigo, não há porque seu trabalho não ser aceito para publicação! Muitas das solicitações dos revisores podem, inclusive, serem inseridas no novo texto do trabalho como limitações caso não seja possível executá-las. Se tudo der certo, você deverá receber um *e-mail* semelhante aos apresentados na Figura 14:

Figura 14: *E-mails* documentando que o trabalho foi aceito para publicação.

Após a aceitação você deve imediatamente abrir o seu currículo Lattes e cadastrar o seu trabalho na aba específica para "Artigos aceitos para publicação", dentro da aba de produção. Depois é só "correr pro abraço", comemorar a aceitação, aguardar a publicação e, imediatamente, começar a pensar no tema para o seu próximo artigo. Meus parabéns!

Referências utilizadas neste capítulo

BARNABÉ, Anderson Sena et al. Prevalência de parasitas intestinais em cães domiciliados na zona oeste da região metropolitana de São Paulo. **UNILUS Ensino e Pesquisa**, v. 12, n. 27, p. 28-31, 2015.

FERRAZ, Renato Ribeiro Nogueira et al. Preservation of urine samples for metabolic evaluation of stone-forming patients. **Urological research**, v. 34, n. 5, p. 329-337, 2006.

FERRAZ RR et al. Investigação de surtos de doenças transmitidas por alimentos como ferramenta de gestão em saúde de unidades de alimentação e nutrição. **RACI**, v. 9, n. 19, p. 1-10, 2015.

REFINAMENTO DE REFERENCIAL TEÓRICO: COMO ENCONTRAR ARTIGOS CIENTÍFICOS DE QUALIDADE PARA A CONFECÇÃO DE TRABALHOS ACADÊMICOS

Renato Ribeiro Nogueira Ferraz, Renan Antônio da Silva

Neste capítulo lhe serão apresentadas duas formas de obter referências para a confecção do seu artigo científico. A primeira delas é utilizando o famoso Google Acadêmico, que disponibiliza diversas obras, como artigos, teses, dissertações, dentre outros, com base em uma estratégia de busca estabelecida por você, e sem a utilização de quaisquer critérios associados à "qualidade da informação". A segunda forma é utilizando-se de uma ferramenta de busca capaz de fornecer uma lista, digamos, mais "refinada" de artigos científicos, ranqueados com base em um índice que, de certa forma, é capaz de estimar a referida "qualidade da informação". Vamos a elas?

Utilizando o Google Acadêmico

Existem inúmeras bases de dados que poderão ser consultadas para a seleção dos artigos. Dentre elas, destaque pode ser dado à Scielo (www.scielo.com), Lilacs (http://lilacs.bvsalud.org/), Periódicos CAPES (www.periodicos.capes.gov.br), Bireme (regional.bvsalud.org), Pubmed (www.pubmed.org), dentre outras. Embora existam incontáveis bases de dados que podem ser utilizadas individualmente (entrando em cada uma delas e realizando a procura por informações), uma importante ferramenta de procura que vasculha simultaneamente inúmeras destas bases em busca dos artigos (e de outras modalidades de referências), relacionados ao tema de interesse do artigo que você está redigindo, é o Google Acadêmico (https://scholar.google.com.br/). Basta acessar o *site*, digitar as palavras-chave relacionadas ao seu tema de pesquisa (se possível, separadas pelos operadores booleanos AND, OR ou NOT), e aguardar o imediato retorno do programa. Entenda que as palavras-chave devem ser termos que apresentam uma relação bastante íntima com o assunto que se deseja pesquisar, e que os operadores booleanos definem como as palavras-chave devem ser interpretadas pelo seu buscador. Resumidamente, se duas ou mais palavras estiverem ligadas pelo operador "AND", o buscador deverá procurar artigos onde todas elas apareçam juntas no trabalho. Se utilizar o "OR", a ferramenta de busca tentará encontrar trabalhos com uma ou com outra palavra-chave que estiver entre o operador. E, por fim, se utilizar o "NOT", o buscador tentará eliminar trabalhos com o descritor que estiver logo após o operador.

A vantagem da utilização do Google Acadêmico baseia-se no fato de que, apenas em uma única procura, todas as obras referentes ao tema pesquisado serão listadas, bastando "acessar" as que lhe convier e avaliar seu conteúdo. Uma desvantagem de sua utilização talvez seja a enorme quantidade de obras que o programa retornará caso a pesquisa não seja delimitada adequadamente. Vamos verificar o funcionamento desta ferramenta na prática?

Digamos que o autor se disponha a vasculhar a *web* em busca de obras que tenham sido publicadas sobre o assunto "esquistossomose". Se você simplesmente digitar o referido termo no Google Acadêmico, o programa lhe retornará mais de 13 mil obras. Realmente vai ficar difícil ler todas elas! Sendo assim, vamos selecionar apenas trabalhos realizados em crianças. Para isso, delimite sua pesquisa digitando em conjunto os termos "esquistossomose" e "crianças" (esse experimento será realizado separando os termos por vírgulas...). Você verá que agora serão disponibilizadas mais de 4 mil publicações (é menos do que 13 mil, mas ainda é muito!). Na continuidade do processo de delimitação, digamos que você queira cercar geograficamente sua pesquisa. Somaremos então aos termos já digitados o descritor "Santo André". Veja que o sistema lhe retornará algo em torno de 70 obras, um número bem menor do que os mais de 13 mil iniciais! Dessa forma entenda que, quanto mais "delimitada a sua pesquisa", ou seja, quanto maior o número de descritores utilizados para procurar os artigos, menor será o número de obras que o Google retornará, e mais focados serão os resultados da sua busca. Após a busca, é possível visualizar do lado direito da tela, ao lado do título da obra, a base de dados na qual ela se encontra indexada, permitindo ter-se ao menos uma noção da qualidade do trabalho. A partir deste ponto, o pesquisador e seu orientador poderão selecionar os artigos / outros que mais preencham os critérios de inclusão previamente definidos, e baixá-los / adquiri-los da maneira que acharem mais conveniente. A tela final do processo aqui descrito pode ser visualizada na Figura 1.

Figura 1 – Tela final disponibilizada pelo Google Acadêmico após realização de uma busca com os descritores (palavras-chave) "esquistossomose", "crianças" e "Santo André"

Vale ressaltar que, após a seleção dos artigos, uma importante questão com relação à qualidade das informações neles disponibilizadas deverá ser levada em consideração. Para que as informações publicadas em uma revista (também chamada de periódico) tenham "validade científica", é necessário que os resultados presentes nos artigos a ela submetidos tenham sido avaliados duramente por um corpo editorial competente. Os revisores e editores são cientistas que, teoricamente, apresentam vasta experiência na área de atuação da revista em questão. Deste modo, quanto mais específico em uma determinada área é o periódico, mais criteriosa deverá ser a avaliação pelo seu corpo editorial dos artigos a ele submetidos. Revistas generalistas, que publicam artigos sobre assuntos de temas muito variados, costumam usar de menor rigor nesta avaliação. Por isso, muitas vezes acabam por publicar trabalhos de qualidade discutível. Já as revistas especializadas são mais criteriosas, e os artigos nelas publicados tendem a ser de melhor qualidade. Esse assunto encontra-se discutido com maior profundidade no capítulo sobre submissão e acompanhamento de trabalhos, disponível neste livro.

Mas como saber se os artigos que o Google Acadêmico indicou são bons? Existe uma ferramenta de fácil acesso com a qual se pode verificar a avaliação de uma revista com relação à "qualidade" dos artigos nela publicados. Essa ferramenta é o chamado Sistema Qualis, acoplado a uma Plataforma governamental denominada "Plataforma Sucupira", e disponível bastando acessar o seguinte endereço: https://sucupira.capes.gov.br/sucupira/public/consultas/coleta/veiculoPublicacaoQualis/l istaConsultaGeralPeriodicos.jsf. Quando acessar o Sistema Qualis (Figura 2), você deverá escolher inicialmente o ano de avaliação da revista (sempre será melhor escolher a avaliação mais recente), a área do conhecimento que você costuma atuar (para a qual será fornecido o "índice de qualidade" da revista), e finalmente, o nome do periódico. Dessa maneira, se você faz um curso de enfermagem, o que lhe interessa será a classificação da revista na área de "Enfermagem". Se faz um curso de nutrição, o importante é a classificação sob o foco da "Ciência dos Alimentos", podendo ser descartada a avaliação no âmbito da enfermagem. Se faz administração, deverá observar o Qualis da revista na área de "Administração, Ciências Contábeis e Turismo", e assim por diante. O Qualis que uma revista tem na área X não interessa para a área Y. Dessa forma, poderão existir revistas que são muito bem qualificadas em uma área e pessimamente qualificadas em outra.

A classificação das revistas é feita seguindo algumas regras que levam em consideração o número de revisores cadastrados, o número de vezes que a revista foi citada por outros trabalhos, a periodicidade, a disposição das informações no *site*, se a revista está em dia com a liberação dos números, dentre outros critérios. A escala de classificação do sistema Qualis é dada pelas letras A, B e C. Considere uma revista Qualis "A" aquela que, pelo menos em teoria, publica apenas artigos cujo método científico utilizado foi o mais adequado (para aquela área do conhecimento!), os testes estatísticos utilizados foram selecionados e empregados corretamente, a amostra populacional foi definida adequadamente, todas as variáveis necessárias foram observadas e controladas, dentre outros importantes quesitos. Entenda por revistas Qualis "C" aquelas que ainda "pecam" na avaliação dos artigos que publicam, disponibilizando algumas vezes artigos com resultados pouco importantes (para aquela área!), que foram realizados sem um controle adequado das variáveis, ou mesmo que foram conduzidos com amostras populacionais pequenas, dentre outros pormenores que impedem o trabalho de atender às exigências de uma publicação Qualis "A", ou mesmo de uma Qualis "B" que, neste caso, é uma classificação intermediária entre a "A" e a

"C". Vale ressaltar que, dentro da classificação "A", ainda temos o Qualis "A1" e o "A2". Dentro da classificação Qualis "B", temos o "B1", "B2", "B3", "B4" e "B5". Após o "B5" vem somente o Qualis "C". De modo simplificado, entenda que a qualidade de uma publicação vai de Qualis "A1" (a mais alta qualificação) à Qualis "C" (a mais baixa qualificação). Revistas Qualis A1, A2 e B1 são consideradas de qualidade superior. Revistas B2 e B3 são consideradas "boas revistas". Já as revistas B4 e B5 são consideradas de qualidade inferior. Revistas Qualis "C" normalmente são ignoradas pela comunidade científica. Agora, revistas que sequer são Qualis "C", ou seja, que não são reconhecidas e listadas no sistema Qualis, ainda não atingiram um patamar mínimo para serem realmente consideradas como "revistas".

Um exemplo da classificação pelo sistema Qualis da revista *Transinformação*, sob o olhar de diversas áreas Ciência, pode ser visualizado na Figura 2. Repare nessa figura que, considerando a última avaliação de qualidade dos periódicos até o momento (liberada em 2014), os artigos publicados na revista citada, sob o ponto de vista da área de Ciências Sociais Aplicadas I, possuem a classificação Qualis "A1" (considerados, portanto, de extrema relevância). Todavia, sob a visão da Ciência da Computação, artigos publicados na *Transinformação* são irrelevantes, já que possuem Qualis "B5". Ainda, na visão da área de Educação, tais artigos são considerados bons, pois são "qualisficados" como B2. Sendo assim, caberá a você e a seu orientador decidirem se um artigo publicado em determinada revista poderá ou não ser incluído na lista de referências do artigo que você irá produzir. Vale lembrar que a classificação dos periódicos muda periodicamente. Dessa forma, um artigo que hoje é Qualis "A" pode, na próxima avaliação, aparecer como Qualis "C", e vice-versa.

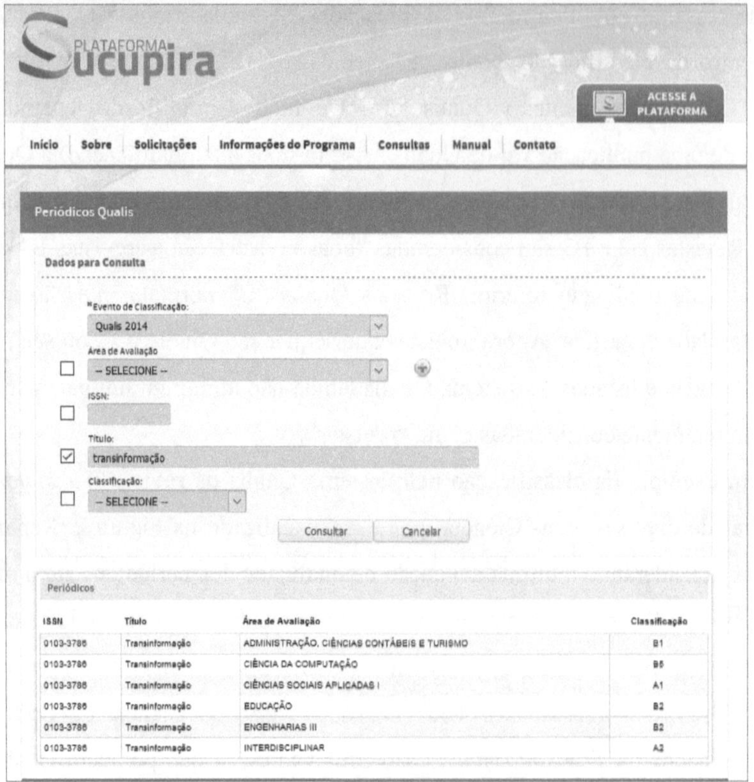

Figura 2 – Classificação da revista *Transinformação* sob o olhar de diversas áreas Ciência.

Busca refinada de referencial teórico

Agora que você já conhece a forma "manual" de procurar e qualificar artigos, é muito importante que você saiba que existem uma série de ferramentas automatizadas que buscam selecionar os artigos científicos, com base em uma estratégia de pesquisa (palavras-chave) pré-definida, de forma que os trabalhos selecionados sejam classificados em um *ranking* que leve em consideração a sua importância para a comunidade científica. Dá-se a este processo o nome de "busca refinada de referencial teórico". Sendo assim, você será agora apresentado à ferramenta computacional "Publish or Perish" (sigla POP, disponível em www.harzing.com), nome que traduzido ao pé da letra para o português significa "Publique ou Morra". O POP é um *software* de uso livre, gratuito, e que leva em consideração para ranquear os artigos um índice muito importante: o número de citações que o artigo recebeu por outros artigos.

Veja bem... Se você publicar um artigo e ele nunca for citado por outros autores, isso, de certa forma, demonstra que o resultado que você publicou não tem muita importância científica. Agora, se o seu artigo for citado por outros artigos, entende-se que seus resultados são interessantes e relevantes para a comunidade. Logo, na maioria das vezes, quando um artigo possui muitas citações (o que constitui o chamado índice "h"), pode-se entender que os seus resultados são relevantes, a despeito do fato de que possa existir elevado índice de autocitação do trabalho, que é quando um autor cita seus próprios artigos em novos artigos que ele mesmo escreveu. Veja, isso não é proibido! Mas pode elevar o índice "h" de um periódico mesmo não sendo o mesmo reconhecido pela academia como de elevada importância. Um percentual de 10% de autocitação é considerado, atualmente, aceitável. Por fim, um artigo com muitas citações pode ter sido citado como um exemplo a não ser seguido, embora na maioria das vezes, os artigos publicados em revistas com índice "h" elevado possam ser considerados efetivamente de importância para a Ciência.

Como instalar e utilizar o POP

Para instalar o POP basta entrar no site www.harzing.com, clicar no *link* em destaque na Figura 3, indicar adequadamente o modelo do seu sistema operacional, no local apontado na Figura 4A (na maioria dos computadores pessoais o sistema operacional será o *Windows*), clicar no *link* para baixar o programa, disponível na Figura 4B, e confiar nas etapas de instalação da ferramenta. Se a instalação tiver ocorrido de maneira adequada, aparecerá no seu *desktop* o ícone demonstrado na Figura 5.

Figura 3: *Link* para instalação do POP.

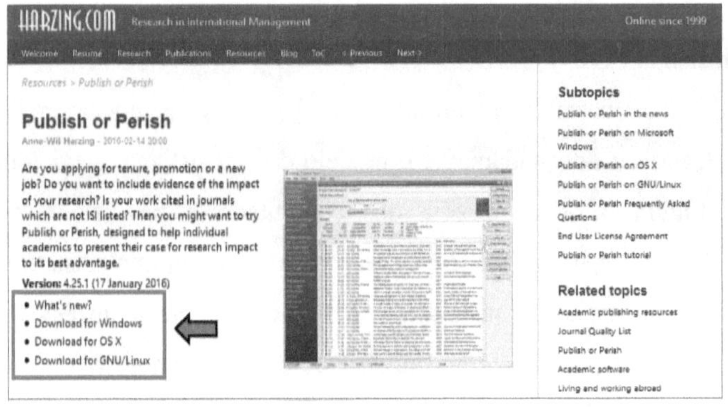

Figura 4A: *Links* para indicação do sistema operacional.

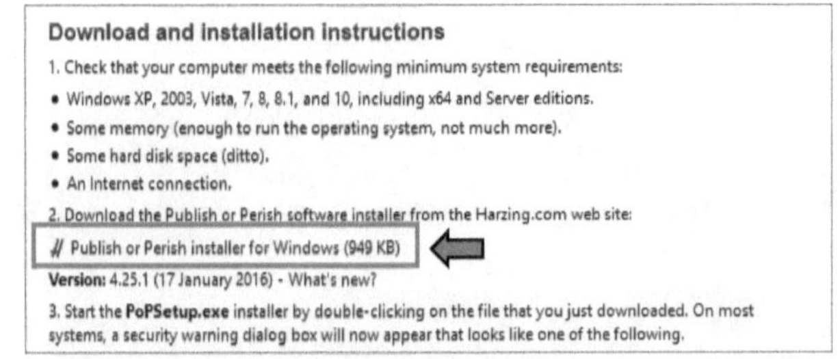

Figura 4B: *Link* para iniciar o *download* do programa.

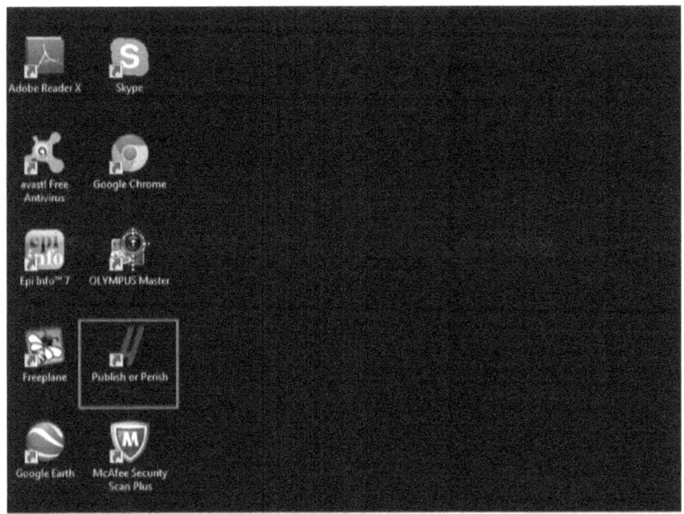

Figura 5: Ícone de acesso ao POP disponibilizado no *desktop*.

Ao clicar sobre o ícone indicado na Figura 5, você terá acesso à tela demonstrada na Figura 6. Nela, é possível identificar os campos ("janelas") onde devem ser inseridas as informações sobre os artigos que se deseja obter.

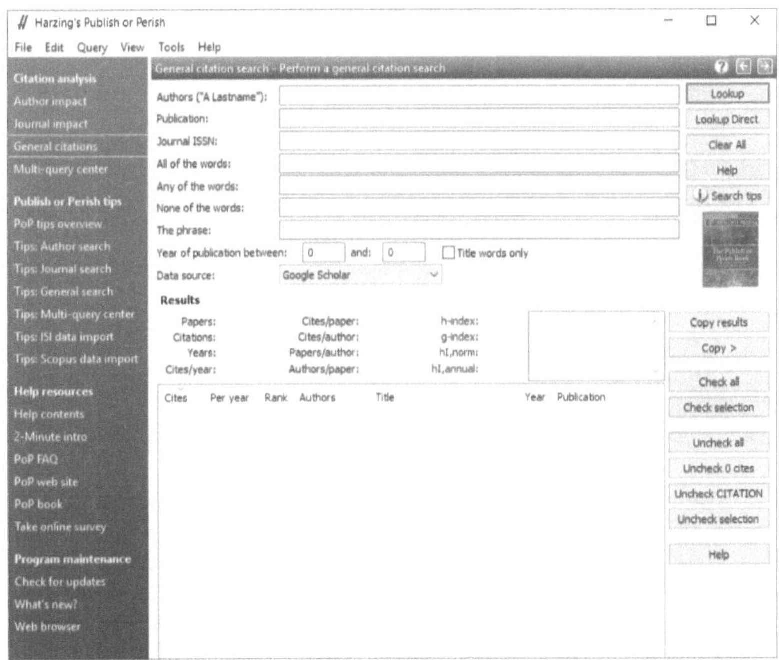

Figura 6: Tela inicial do software POP.

É possível selecionar trabalhos pelo nome do autor ("Authors A Lastname"), pelo nome da revista ("Publication"), e pelo ISSN da revista ("Journal ISSN"). Porém, em uma busca mais simples, o campo "All of the words" é o local onde você deverá digitar a sua estratégia de busca, ou seja, as mesmas palavras-chave que você digitaria no Google Acadêmico caso fosse realizar uma busca sem refinamento. Ainda, é possível fazer uma busca com qualquer uma das palavras, e não com todas elas ao mesmo tempo, no campo "Any of the words", ou buscas excluindo termos, que devem ser digitados no campo "None of the words". Frases específicas podem ser digitadas no campo "The frase", e o ano das publicações pode ser definido bastando para tal digitar o período escolhido nos campos "Year of publication between".

Após a escolha da estratégia de pesquisa basta clicar no botão "Lookup" (canto superior direito da tela), quando então o sistema fará a busca e fornecerá resultados muito semelhantes aos apresentados na Figura 7, obtidos a partir da mesma estratégia definida para o exemplo utilizado com o Google Acadêmico (disponível na Figura 1).

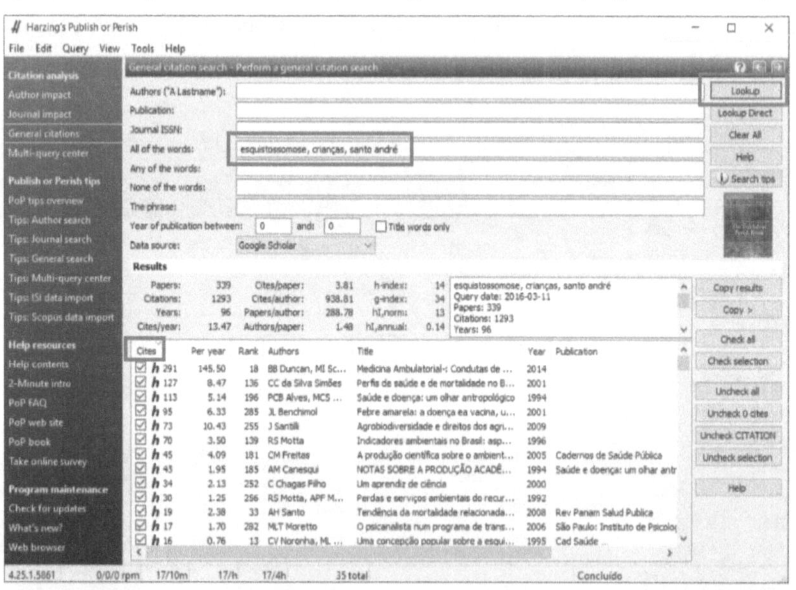

Figura 7: Resultados obtidos com a estratégia de busca "esquistossomose, crianças, santo andré"

Na Figura 7, repare que os artigos realmente estão ranqueados de acordo com o número de citações: o primeiro da lista possui 291 citações por outros trabalhos, o segundo possui 127, o terceiro 113, e assim por diante. Pelo menos os 10 artigos mais citados não podem ficar fora da sua lista de referências! Dessa forma entenda que, se você estiver escrevendo um artigo científico que fale sobre esquistossomose em crianças, é fato que você deverá citar no seu trabalho os artigos mais citados sobre o tema, que são aqueles que aparecem com o maior índice "h" no resultado fornecido pelo POP.

Além disso, se você clicar no botão "Year", os artigos sobre o tema serão ranqueados de acordo com a data de publicação (Figura 8). É obvio que, quanto mais recente o artigo, menor deverá ser o seu índice "h". Mas, para que o seu artigo seja redigido com um referencial teórico refinado, além dos artigos mais citados sobre o tema, você também deverá incluir na sua lista de referências artigos recentes, mesmo que estes ainda não tenham sido citados por outras obras. Com sorte, você encontrará artigos recentes e que também já foram citados por outros autores, como o que apresenta 291 citações na Figura 8, um artigo de 2014, que para a data de confecção deste livro ainda pode ser considerado "recente", já que foi produzido no último triênio.

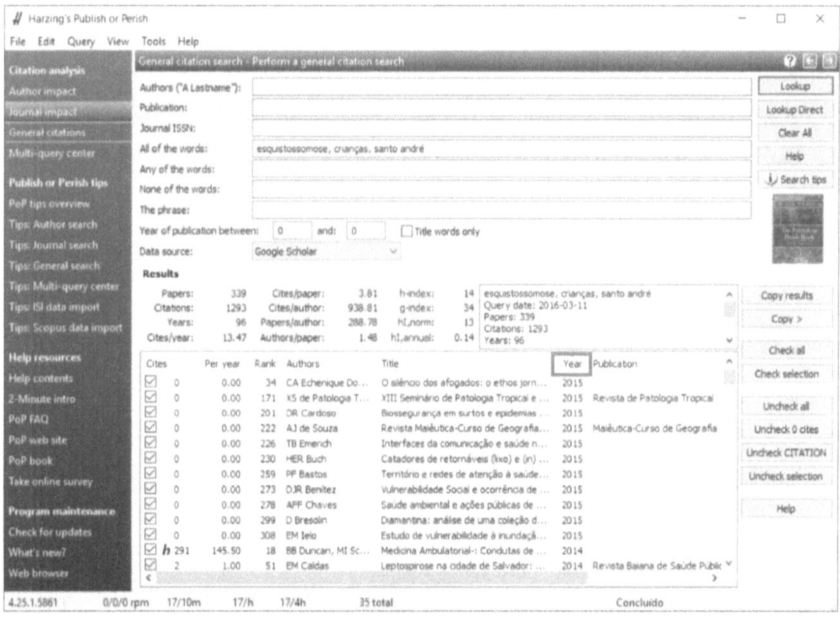

Figura 8: Ranqueamento dos artigos de acordo com o ano de publicação e o número de citações recebidas por outros artigos.

A ferramenta POP é compatível com o Zotero, que é a ferramenta de automatização de citações e listagem de referências apresentada em um capítulo específico deste mesmo livro. Para incluir o artigo sugerido pelo POP na sua biblioteca Zotero, bastará dar dois cliques sobre o título do trabalho diretamente no POP, quando então será aberta uma tela do Google Acadêmico no Mozilla Firefox, para que você inclua o referido manuscrito em sua lista de artigos prontos para serem utilizados, se você já tiver instalado o Zotero corretamente.

Para finalizar, veja que o POP utiliza o próprio Google Acadêmico para realizar a busca refinada dos artigos (informação disponível na janela "Data source", na tela inicial). Em algumas situações onde você realiza muitas buscas seguidas, o Google pode pedir para você confirmar se não é um robô (pedindo para você digitar um *captcha*, que são aquelas letrinhas tortas que muitas vezes nós não conseguimos identificar!), ou mesmo bloquear seu acesso por um período determinado, entendendo que possa ser um ataque à base. Caso esse fato ocorra, na própria janela "Data source" você deverá selecionar como segunda opção o "Microsoft Academic Search", e continuar suas buscas normalmente.

Sendo assim, não faz mais sentido realizar procuras mal direcionadas utilizando apenas o Google Acadêmico diretamente. Use e abuse do POP! É fato que, com um referencial teórico refinado, seu artigo terá mais chances de ser aceito para publicação. Mas este é um assunto discutido com maior profundida no último capítulo deste livro. Até lá!

Referência complementar

Assista a uma demonstração da instalação e utilização do POP em:
https://www.youtube.com/watch?v=rK8LOssZRM0

AUTORES

Renato Ribeiro Nogueira Ferraz. Biólogo e Pedagogo. Pós-Doutor em Ciência da Informação pela Universidade de Toulon – França. Pós-Doutor, Doutor e Mestre em Ciências pela Universidade Federal de São Paulo - UNIFESP. Professor das Disciplinas de Metodologia da Pesquisa Científica (Redação Científica), Bioestatística e Epidemiologia em cursos de Graduação e Pós-Graduação *Lato sensu* (especialização). Pesquisador nível *Stricto sensu* na área de Anatomia Humana, Propriedade Intelectual e Mineração de Dados.

Anderson Sena Barnabé. Biólogo e Pedagogo. Doutor e Mestre em Saúde Pública pela Universidade de São Paulo – USP. Especialista em Estatística e em Saúde Pública pelo Conselho Regional de Biologia – CRBio1. Especialista em Entomologia Médica - USP. Professor das Disciplinas de Bioestatística e Epidemiologia em cursos de Graduação e Pós-Graduação *Lato sensu*.

João Victor Fornari. Médico Ortopedista e Nutricionista. Mestre em Ciências da Saúde pela Universidade São Francisco - USF. Especialista em Gestão em Serviços de Saúde. Professor das Disciplinas de Bioestatística e Epidemiologia em cursos de Graduação e Pós-Graduação *Lato sensu*.

Renan Antônio da Silva. Pós - Doutor em Ciências Sociais (2019) pela Universidade Estadual Paulista (UNESP/ Marília). Bolsista (PNPD) da CAPES pelo Programa de Pós-Graduação em Políticas Públicas (PPG-PP) da Universidade de Mogi das Cruzes (UMC), onde é credenciado como Docente Permanente (Orientador de Mestrado). Pesquisador e Docente no Mestrado em Gestão e Desenvolvimento Regional do Centro Universitário do Sul de Minas (Unis). Doutor em Educação Escolar (2018) pela Universidade Estadual Paulista (UNESP/ Araraquara). Consultor no United Nations Educational, Scientific, and Cultural Organization (UNESCO).

Roger de Lucca. Tem experiência na área de trabalhos com famílias e indivíduos em situação de risco. Atuação na proteção social especial de média e alta complexidade, mais especificamente no Centro de Referência Especializado de Assistência Social - CREAS. Mestrando pelo Programa de Pós – Graduação em Educação Sexual da UNESP/Araraquara.